OEUVRES DRAMATIQUES

DE

M. LOYAU D'AMBOISE.

LES
FRANÇAIS
A NAPLES.

TRAGÉDIE EN CINQ ACTES ET EN VERS;

PRÉCÉDÉE

D'UN PROLOGUE.

PARIS,

20 JUIN, 1837.

PERSONNAGES.

CHARLES D'ANJOU, roi des Deux-Siciles.
HENRIQUE, grand de Naples.
VIRGINIE, sa fille.
GONZALVI.
MONTALVI, ex-ministre du roi de Naples.
BRISSAC, officier de Charles.
MONTFORT, *idem.*
RODERIC, conjuré.
LORENZO, geôlier.
AURÉLIO, homme du peuple.
HORATIO, autre homme du peuple.
Un Troubadour.
Un Hérault d'Armes.
Un Légat du Saint-Siège.
Le Sénéchal de Henrique.
Un conjuré.

Gens du peuple.
Courtisans.
Conjurés.
Pages.
Varlets.

PERSONNAGES DU PROLOGUE.

VIRGINIE.
DOM JOSÉ, Bénédictin.
DOM AMBROSIO, *idem.*
Un Frère Convers.

La Scène se passe à Naples au 13ᵉ Siècle.

PROLOGUE.

Le Théâtre représente une des salles d'un Monastère,
gothique.

SCÈNE I.

DOM JOSÉ, DOM AMBROSIO.

DOM JOSÉ.

Séjour, dont le Seigneur éloigne les alarmes,
Où la paix du cœur donne un parfum à nos larmes;
Saint asile, où le ciel se manifeste à nous,
Où Dieu sait nous montrer combien son joug est doux;
Port ignoré des vents, que j'aime ton mystère.
Et ton bonheur obscur qu'aucun souci n'altère !
Bien à plaindre est hélas! celui que par la main
Prend la fortune : à peine, entré dans le chemin ,
Il tombe, et voit sa mort en tous lieux souhaitée;
Par ses amis d'hier sa chute est insultée :
Leçon, qui de l'orgueil doit arrêter l'essor !

DOM AMBROSIO.

Qui connut Montalvi, peut-il plaindre son sort ?

DOM JOSÉ.

Je suis toujours son frère et Dieu seul est son juge.

DOM AMBROSIO.

Un grand, né vertueux, du faible est le refuge,

Rend justice à la veuve ainsi qu'a l'orphelin,
Aime à sécher les pleurs dont ils mouillent leur pain
Celui-ci n'eut pour eux qu'une altière parole ;
Il leur prenait leur champ et leur dernière obole.
La vertu se cachait ou fuyait devant lui ;
Il en était l'effroi, loin d'en être l'appui.
Charles, que l'on croyait l'image de son frère,
De ce pieux Louis ; que le monde vénère,
Qui, sous un humble chêne établissant sa cour,
Veut que les opprimés s'y rendent tour à tour,
N'ayant point d'autre éclat que sa simple parole,
D'autres gardes, sinon les pauvres qu'il console :
Charles ne gouverna que la verge à la main,
Dès que cet homme altier lui traça son chemin ;
Fit regretter Mainfroi dont il prit la couronne,
Qu'Urbain avait banni des autels et du trône.
Ah ! son pied dans le sang se fut-il affermi,
Si ce méchant jamais n'eût été son ami !
Aurait-il de nos rois brisé la tendre tige,
L'aimable Coradin, ce héros, ce prodige
De beauté, de courage, et qui passa sitôt
Des degrés de son trône, à ceux de l'échafaud !
Honneur à cette reine affable et généreuse
Qui s'indignait de voir Naples si malheureuse ;
Qui versa sur nos maux le baume de ses pleurs
Et dans le cœur du roi fit passer nos douleurs ;
En obtint qu'il cessât de garder un ministre
Dont chaque jour de règne était un jour sinistre ;
Fît rendre compte aux lois, qu'il foulait à ses pieds,
Des actes de sa vie. Ils seront expiés
Sans doute, et la Sicile en obtiendra vengeance.
Quel juge pour cet homme aurait de l'indulgence !

DOM JOSÉ.

Nul, si l'on vous ressemble.

DOM AMBROSIO.

Ah ! Tout mon cœur le hait.
Songez à ce qu'il fut.

DOM JOSÉ.

Je songe à ce qu'il est.
Ami, Charles d'Anjou ne punit point ses crimes
Et n'est point fatigué de suivre ses maximes.

DOM AMBROSIO.

Et pourtant.....

DOM JOSÉ.

Il le frappe, et ce n'est pas pour nous
Des suffrages du peuple il est trop peu jaloux.

DOM AMBROSIO.

Je ne puis de son cœur deviner l'artifice ;
Qu'est cet acte, s'il n'est un acte de justice ?

DOM JOSÉ.

D'un trône de la veille inquiet possesseur,
Charles achète cher son magnifique honneur ;
Il sent qu'on ne compense aux regards de personne
La majesté des ans qui manque à sa couronne.
Naples le hait, d'ailleurs, et s'indigne des lois
D'un étranger couvert du pur sang de ses rois.
Aussi, quand sur sa couche il va poser sa tête,
Il craint de s'éveiller au bruit de la tempête ;
Et vers le dais royal s'il porte son regard,
Il y voit un cheveu qui suspend un poignard.
Ses frêles amitiés, qu'un souffle a desséchées,
font souvent repentir qui les a recherchées.
Il craint ceux qu'il élève, et sans autre raison
Soupçonne, dans leurs mains, le fer ou le poison.

Dans l'altier Montalvi, voilà ce qu'il réprime ;
Il le fit trop puissant et c'est là son seul crime.
Mais par le fer des lois il le fait immoler,
Et, par là, sur lui seul, il voulut appeler
De leurs actes communs le reproche et la honte ;
De ses desseins secrets je crois vous rendre compte.

DOM AMBROSIO.

En effet, on voit trop qu'il exige sa mort;
Qu'il craint que la pitié ne s'attache à son sort.
Henrique est le premier des juges qu'il lui donne...

DOM JOSÉ.

Et l'on ne s'attend pas qu'Henrique lui pardonne.
Certes.

DOM AMBROSIO.

Digne vieillard; d'une mâle vertu ;
Devant qui, de respect, Charles même s'est tû;
Qui retrace à nos yeux les héros d'un autre âge;
Qui jouirait du calme et du bonheur d'un sage ,
Si son fils au tombeau, ne l'eut pas précédé ;
O Montalvi, quel crime !

SCÈNE II.

DOM JOSÉ, DOM AMBROSIO, UN FRÈRE CONVERS.

LE FRÈRE CONVERS, *à dom José.*
On vous a demandé,
Mon frère; sur mes pas, une femme voilée,
Mais dont par le chagrin la voix semble troublée...

DOM JOSÉ.

Attend que je l'écoute; elle peut me parler,
Car un prêtre est heureux, quand il peut consoler ,

Etancher quelques pleurs, soutenir la faiblesse.
Amenez-la, mon frère.

DOM AMBROSIO.

Et pour moi, je vous laisse.

SCÉNE III.

DOM JOSÉ, VIRGINIE.

DOM JOSÉ.

Il est dit : affligé qui ployez sous le faix,
Approchez, dans mon sein, venez chercher la paix.
Funeste legs transmis par le père des hommes !
On passe, pour souffrir, dans le monde où nous sommes;
Dieu gravant sur son front le cachet du malheur,
L'homme, dès sa naissance, épouse la douleur.

VIRGINIE, *ôtant son voile.*

Je sais trop que la vie est un séjour de larmes.

DOM JOSÉ.

Quoi, c'est vous, vous l'objet de si vives alarmes !
Vous, pour qui, tant de fois, à Dieu j'ai demandé
Un sort plus doux, qu'hélas ! il n'a point accordé.

VIRGINIE.

Loin de se ralentir, sa fureur se ranime;
Je descends, chaque jour, plus avant dans l'abîme.

DOM JOSÉ.

Heureux celui qui pleure ! à qui rien n'a souri :
Du pain de la douleur heureux qui s'est nourri,
Ma fille !

VIRGINIE.

La Sicile a tressailli de joie;
Son ongle s'est levé, pour déchirer sa proie;

Du livre des vivans un nom est effacé,
Et Montalvi... demain, son sang sera versé.

DOM JOSÉ

Hélas ! de ce procès j'avais prévu l'issue.

VIRGINIE.

Tout homme se souvient de l'injure reçue,
Et mon père....

DOM JOSÉ.

De joie il dut être ravi,
Quand il vit, dans ses mains, le sort de Montalvi.

VIRGINIE.

Sa voix retentissait dans la vaste assemblée ;
Il peignait de douleur la Sicile accablée ;
Demandait aux prisons quels étaient leurs captifs ;
Aux plaines de l'exil les noms des fugitifs ;
Son esprit dominait l'esprit de chaque juge.
Si vous saviez... Grand Dieu ! quel sera mon refuge !

DOM JOSÉ.

Ce Dieu même : osez-vous douter de son secours ?
Ne faut-il pas, qu'enfin, sa justice ait son cours ?
Qu'il punisse un superbe, indigne d'indulgence
Dont le bonheur trop long lassait sa patience ?
Qu'il montre à ce pays, qu'il a vu ses malheurs,
Que d'un œil paternel il a compté ses pleurs ?

VIRGINIE.

Sans doute.

DOM JOSÉ.

En vous ôtant la moitié de vous-même,
Il ne fait qu'être juste.

VIRGINIE.

Ah ! croyez-vous que j'aime
Cet homme à qui j'ai dû des chagrins si cuisans,

Qui me fait au tombeau marcher à pas pesans,
Tombant sous le fardeau des remords, de la honte.

DOM JOSÉ.

Vous ne pouvez haïr, sans en rendre un jour compte,
Celui dont il est dit : je veux qu'il te soit cher,
Qu'il soit l'os de tes os, et la chair de ta chair.

VIRGINIE.

Je ne puis le haïr!

DOM JOSÉ.

Quand il serait infâme ,
Il est sacré, pour vous, car vous êtes sa femme.
Que Naples le maudisse : Il fut son oppresseur;
Vous, vous devez le plaindre et même avec douceur.

VIRGINIE.

Songez contre quel homme il a tiré le glaive,
Et quel rempart de sang entre nous deux s'élève.

DOM JOSÉ.

Montalvi , ne fut point un lâche meurtrier,
Ma fille.

VIRGINIE, *avec un sourire amer.*

Il s'est couvert d'un bien noble laurier

DOM JOSÉ.

Songez à son orgueil : il reçut un outrage ,
S'entendit accuser de manquer de courage.

VIRGINIE.

Je sais bien que mon frère a provoqué ses coups,
Mais mon frère ignorait qu'il était mon époux;
Et lui... Tout autre eût dit : je marche au fratricide
Et je ne serai pas qu'un vulgaire homicide.
Le frère de ma femme !... ah ! je dois pardonner!
Grand Dieu ! quel souvenir !

DOM JOSÉ.

Il faut le détourner ;
Et de plaire au très haut si vous êtes jalouse,
Quel que soit votre époux, vous montrer son épouse.
Quoi ! vous avez choisi le moment de sa mort,
Pour l'accuser,

VIRGINIE, *lui présentant une lettre,*

Lisez, vous verrez si j'ai tort.

DOM JOSÉ.

Cette lettre...

VIRGINIE.

Est de lui. Quel autre eût pu l'écrire !

DOM JOSÉ.

Le malheureux !

VIRGINIE.

Le lâche !

DOM JOSÉ.

Il ose vous prescrire...

VIRGINIE.

D'acheter, à prix d'or, la foi de son geôlier,
Contre mon père ainsi d'être son bouclier.

DOM JOSÉ.

Sinon, qu'avant le coup qui doit finir sa vie
Il va vous faire asseoir au banc de l'infamie...

VIRGINIE.

Révéler à mon père... ah ! combien je frémis !
Grand Dieu ! si mon opprobre au grand jour était mis,
Sa main devancerait le cri de la nature;
Sa main me punirait de ma longue imposture;
Je mourrais, mais maudite ; et voudrais-je au tombeau
D'un pareil anathème emporter le fardeau ?

DOM JOSÉ.

Pauvre femme ! à quel point, votre malheur me touche !
Colombe, à qui l'hymen joint un lion farouche,
Hélas ! aux yeux de Dieu rien ne reste impuni,
Votre hymen fut coupable ; il ne l'a point béni.

VIRGINIE.

Quel crime a-t-il puni, comme il punit ma faute !
Il me laisse le jour ; ah ! plutôt qu'il me l'ôte !
L'Océan de douleurs qu'il me fait traverser,
Ne m'offre qu'un seul port ; qu'il daigne m'y pousser,
Et qu'au joug de la vie et de ma destinée
Il ne me force plus à rester enchaînée !
Mais non, quand de notre âme il brise les ressorts,
C'est qu'il a de sa haine épuisé les trésors ;
Il me condamne à vivre, hélas ! de sa colère
A jamais, ici-bas, monument exemplaire !

DOM JOSÉ.

Oui ma fille, à l'objet d'une coupable ardeur
Vous n'avez point porté la dot de la pudeur.
Une faute...

VIRGINIE.

Ah ! pitié ! pitié pour ma misère.
Je voudrais me cacher dans le sein de la terre.
Ne me reprochez plus ce que j'ai tant pleuré.
Mon lit est à celui qui l'a déshonoré ;
L'égide de l'hymen en a couvert l'offense.
Qui ne sait qu'une femme est toujours sans défense
Quand elle aime, et j'aimais ! Il feignait tant d'amou
Qu'à peine, je croyais le payer de retour.
De ma fatale erreur combien il m'a punie !
Il m'abreuve à longs traits de mon ignominie ;
Quand il vient, son sarcasme est un dard acéré

Qu'il enfonce, en riant, dans mon cœur ulcéré.
Il r'ouvre, à chaque instant, la source de mes larmes;
Me reproche l'affront qu'il a fait à mes charmes ;
D'un désir satisfait je suis le vil rebut.
Faut-il être à présent, son ancre de salut ,
Ou bien , faut-il périr de la main de mon père?
Prêtre, conseillez-moi; C'est en vous que j'espère.

DOM JOSÉ.

Ma fille, écoutez-moi; Le Sauveur des humains
Aux bourreaux, qui de cloux avaient percé ses mains,
Raillaient son agonie, en douleurs si féconde,
Et le sang qu'il versa pour le salut du monde,
Le Sauveur, en mourant, accordait leur pardon :
Suivez de votre Dieu la sublime leçon.
On remplit un devoir, sans pour cela qu'on l'aime,
Ma fille. Votre époux est un autre vous-même :
Oubliez les dédains, que vous avez soufferts ,
Et, si vous le pouvez, allez rompre ses fers.

VIRGINIE.

Mais y réussirais-je ?

DOM JOSÉ.

Essayez.

VIRGINIE.

Mais sa fuite
Sera bientôt l'objet d'une vive poursuite.

DOM JOSÉ.

La nuit le favorise. Il peut gagner le port ,
Sur le plus frêle esquif échapper à la mort,
Entre Naples et lui mettre la mer immense.

VIRGINIE.

Je vais donc le sauver. Ce sera ma vengeance.

FIN DU PROLOGUE.

LES FRANÇAIS A NAPLES.

ACTE PREMIER.

La scène représente une salle du Palais d'Henrique.

SCÈNE I.

HENRIQUE, GONZALVI, RODERIC, CONJURÉS.

HENRIQUE.

Naples vient d'acquérir un nouveau défenseur,
Qui, plus que nous, a droit de haïr l'oppresseur.

RODERIC.

C'est celui.....

HENRIQUE.

Que déjà je vous ai fait connaître.

RODERIC.

Gonzalvi ?

HENRIQUE.

Dans vos rangs il est fier de paraître.

GONZALVI.

Je reviens de l'exil !.. aux brises de la mer,
J'enviais leur départ pour ce pays si cher.
Triste, comme un époux dans les mois du veuvage,
A travers l'horizon, je cherchais son rivage;

Mon cœur allait trouver, dans l'espace lointain
Ses côteaux, ses parfums, son soleil du matin.
Mais de tant de douleurs Charles me rendra compte;
Je suis moins patient que le peuple qu'il dompte.
Nul bras de mon courroux ne peut le garantir;
Ce volcan renfermé se prépare à sortir.

LA PLUPART DES CONJURÉS.

Votre main !

GONZALVI.

Est-il vrai qu'il reste encor des âmes
Qui de la liberté gardent les saintes flammes ?
Tandis que la poussière a souillé ses drapeaux,
Que la foule, à genoux, voit passer ses bourreaux,
Et fait croire au despote engraissé de nos larmes,
Que le bonheur public suit celui de ses armes;
Est-il vrai, que vous tous indignés de servir,
De vos droits usurpés, voulez-vous ressaisir,
Et de ces bords, faisant un appel à nos braves,
Chasser l'aventurier, qui nous veut pour esclaves?

HENRIQUE.

Oui, tels sont nos desseins, et nous les soutiendrons.
La main sur nos poignards, nous avons dit: mourons
Ou que Charles succombe ! Il faut être la proie
Du premier étranger que Rome nous envoie.
Du haut du vatican, nous imposant un roi,
Son pontife a crié : Peuple prosterne-toi;
Conradin me déplaît; il sortira du trône,
Sur le front d'un soldat je place sa couronne.
Mais le temps est venu d'apprendre à l'univers
Qu'on peut humilier ces pontifes si fiers;
Que tout le peuple a des droits; qu'un pape n'est
        qu'un homme;

Que Dieu ne parle pas par la bouche de Rome.
RODERIC.

Sans doute, il faut briser un sceptre usurpateur;
Il faut que la Sicile ait un libérateur;
Mais, pour reconquérir nos drapeaux légitimes,
Je ne vois qu'un chemin semé de mille abîmes.
Charles est craint: sa gloire a traversé les mers;
Il vainquit Conradin, il vaincrait l'univers.
Son nom vaut une armée : attaquer un tel homme,
C'est provoquer, d'ailleurs, tous les foudres de Rome.
HENRIQUE.

Qu'importe?
RODERIC.

Un gibelin les attend, sans pâlir ;
Mais Rome, à ses genoux, voit le guelfe fléchir,
Et tout le peuple est guelfe.
HENRIQUE.

Il a cessé de l'être.
RODERIC.

Qui l'aurait fait changer?
HENRIQUE.

Le choix d'un pareil maître.
RODERIC.

Tu le crois.
HENRIQUE.

J'en suis sûr. Le peuple est irrité;
Dans ses vœux, avant Rome, il met la liberté;
Et du superbe Urbain loin d'adorer l'ouvrage,
Je l'ai vu, sur ses fers, verser des pleurs de rage.
Crois-tu que ces vassaux, ces simples artisans,
Ont moins à cœur que nous, l'honneur de leurs enfans?
Qu'ils verront, d'un œil sec, de leurs toits entraînées,

2.

Au sérail du vainqueur leurs filles destinées?
Non. Le peuple se tait, mais le calme des flots
Fait souvent, de terreur, trembler les matelots.
Le peuple est près d'agir; son heroïque zèle
N'attend, pour s'embraser, qu'une seule étincelle.

GONZALVI.

Qu'une goutte de sang. Si Charles était mort,
Ce peuple, aujourd'hui faible, oserait être fort.

HENRIQUE.

Sans contredit.

GONZALVI.

Le temps en pourparlers s'envole;
Frappons Charles d'Anjou, tout le reste est frivole.
On dit que de Palerme il a quitté les bords,
Même, si de la foule on en croit les rapports,
Dans l'un de tes castels, qu'il trouve sur sa route,
Demain, de tes projets tant s'en faut qu'il se doute,
Demain dis-je...

HENRIQUE.

A quoi bon ce langage apprêté?
Oui, lui-même, chez moi, Charles s'est invité.
Dans ce procès fameux dont il me fit l'arbitre,
J'ai montré tant d'ardeur, on sait trop à quel titre!...
Et comment se fait-il que l'affreux Montalvi
Aux vengeances des lois, aux miennes soit ravi?
Qu'il ait pu fuir, que nul ne m'apporte sa tête?
Enfin, Charles d'Anjou veut faire ma conquête,
Il veut à mon parti tenter de m'arracher,
Et croit qu'il est au sien aisé de m'attacher.
Qu'importe?

GONZALVI.

Quel vertige et le pousse et l'égare,
Il s'offre de lui-même aux coups qu'on lui prépare.

HENRIQUE.

Comment ?

GONZALVI.

Dans ta maison puisqu'il porte ses pas,
Il n'en sortira plus.

HENRIQUE.

Je ne te comprends pas.

GONZALVI.

Ces mots sont assez clairs.

HENRIQUE.

Tu vois ma chevelure,
Elle honore ma tête et sa blancheur est pure.
Je la garderai telle.

GONZALVI.

Un motif aussi vain
D'un homme tel qu'Henrique arrêterait la main ?
Non, non.

HENRIQUE.

De cette main il faut que Charles meure,
Quand il vient, en ami, frapper à ma demeure,
Que de ma coupe il veut partager la moitié,
Et rompre à mon festin, le pain de l'amitié.

GONZALVI.

Pour un pareil tyran tant d'égards...

HENRIQUE

Ma doctrine
Permet qu'on le combatte, et non qu'on l'assassine.

GONZALVI.

Brutus tua son père, et Rome l'applaudit.

HENRIQUE.

Si Rome eût été juste, elle l'aurait maudit.
Ah ! n'ôtez point l'horreur que l'on attache au crime;

Je souffrirai long-temps que Charles nous opprime,
S'il me faut, de ses lois pour me voir affranchi,
Oublier que mon front dans l'honneur a blanchi,
Et qu'un hôte est sacré pour moi, pour tous les hommes.

GONZALVI.

En vain, de te sauver, ô Naples, tu le sommes !
Foulée aux pieds d'un roi de tes rois assassin,
Tu lui montres le fer qu'il enfonce en ton sein.
Les yeux baignés de pleurs, les sanglots dans la bouche,
Tu te flattes en vain que ta douleur le touche,
Ne demande plus rien à cet enfant ingrat.
Ton honneur! quand veux-tu lui donner plus d'éclat?
Tu crains qu'une action, qui sauve ta patrie,
Qui la rend libre enfin, par elle soit flétrie!
Tu rougis d'immoler ton roi dans ta maison !
Et comment l'attaquer, sinon par trahison ?
Le faible envers le fort n'a d'armes que la ruse;
De l'emploi qu'il en fait sa faiblesse est l'excuse.
Non, non, pour ton pays Charles est un fardeau ;
Et puisque sur ses yeux le sort met un bandeau,
Qu'il se penche en aveugle au bord du précipice,
Qu'il y tombe !

HENRIQUE.

Grand Dieu !

GONZALVI.

Dieu te sera propice.
Il juge les tyrans... quand ils l'ont fatigué,
C'est ainsi qu'il les livre. Ah ! je t'ai subjugué,
Oui, tu nous vengeras, tu seras un grand homme,
Et tel qu'il en était dans les beaux jours de Rome.

HENRIQUE.

Nommez-moi votre chef, et je marche aux Français :

Et, d'un ton prophétique, annonçant mes succès,
Du peuple, sur mes pas, j'entraînerai la foule;
De Charles c'est alors qu'il faut que le sang coule;
C'est ainsi que je puis, que je veux vous venger.

GONZALVI.

Quel homme ! et de quel œil je daignais le juger!
Contre tes argumens je n'ai plus rien à dire;
Caresse l'étranger que tu devrais maudire;
Il peut nous décimer, s'emparer de nos biens,
Ne vouloir que des chefs, et non des citoyens,
Etre un second Néron; rien n'est plus légitime ;
Tu te garderas bien d'en faire ta victime.

HENRIQUE.

Hélas !

      Va donc au peuple et dis-lui de s'armer !
Vain espoir, qu'un seul mot suffit pour réprimer;
Charles vivant, la crainte étouffera la haine,
Le peuple pourra mordre et non briser sa chaîne.

HENRIQUE.

O mon honneur!

GONZALVI.

      Crois-moi, celui d'un citoyen
C'est de servir l'état.

HENRIQUE.

      Mais par un tel moyen!

GONZALVI.

Plus il t'a répugné, plus ce moyen t'honore.

HENRIQUE.

Que faire !

GONZALVI.

      Ton devoir. Tu balances encore,
Désormais de ses maux Naples t'accusera,
Car tu pouvais...

HENRIQUE.

Hé bien ?.....

GONZALVIE.

Prononce.

HENRIQUE.

Il périra.
Que son sang, Gonzalvi, retombe sur ta tête !
Grand Dieu! l'assassiner au milieu d'une fête;
L'attirer sur mon sein et n'être qu'un serpent,
Qui va donner la mort, mais la donne en rampant !
Ah ! qu'il est dangereux d'aimer trop sa patrie !
La mienne me demande hélas! plus que ma vie;
Je dois, quoiqu'il m'en coûte, assurer son bonheur;
Oui, je tuerai mon hôte, avec lui mon honneur.

GONZALVI, *aux conjurés.*

Vous l'avez entendu : la sicile est sauvée.
Demain de son opprobre elle sera lavée.
Ainsi pour le frapper...

HENRIQUE.

J'attendrai son sommeil.

GONZALVI.

Ce sommeil sera long; il sera sans réveil.
As-tu bien médité tout ce que tu hasardes?
Il ne sera pas seul.

HENRIQUE.

Il dormira sans gardes.
Craindre la trahison sous le toit d'un ami,
Ce serait... Ah! que dis-je?

GONZALVI.

Et s'il n'a pas dormi,
S'il s'éveille, il est brave. A ton glaive homicide,
Ne crois pas qu'il présente une gorge timide.

HENRIQUE.

Qu'un de vous m'accompagne.

GONZALVI.

Un seul.

HENRIQUE.

Et c'est assez;
Car il faut que chacun ait ses devoirs tracés.
Je m'occupe du roi, vous du peuple. Qu'il sache
Que de ses fers enfin le ciment se détache.
Dès le second soleil, annoncez hardiment
Que Charles a reçu son juste châtiment.
Ébranlez cette masse, afin que je l'entraîne,
Quand j'aurai satisfait ma vengeance et ma haine.

GONZALVI.

A moi, le peuple, à moi!

HENRIQUE.

Pourquoi?

GONZALVI.

Mon seul aspect
De la pitié lui doit imprimer le respect.
Mon front est sillonné par de précoces rides,
Le sourire est absent de mes lèvres livides,
Et mes yeux, que les pleurs ont creusés et flétris,
Raconteront les maux qu'en son nom je souffris.
Ce tableau n'est-il pas ma plus belle éloquence?
Je saurais l'émouvoir, même dans mon silence.
A moi, le peuple, à moi!

HENRIQUE.

S'il faut prodiguer l'or,
Il est dans ce palais le plus vaste trésor;
Je l'offre à la patrie.

RODERIC.

Et nous offrons les nôtres.

HENRIQUE.

Non, que le mien s'épuise avant qu'on touche aux
vôtres.

RODERIC.

Nous n'y consentons pas.

HENRIQUE.

Nous voilà tous instruits.
La terre est préparée; attendons-en les fruits.

GONZALVI.

Nous te quittons.

HENRIQUE.

Je vais quelques pas vous conduire,
M'assurer au dehors si rien ne peut nous nuire.

GONZALVI.

Il est quelques écueils dans ce vaste chemin,
Mais nous les franchirons. A demain.

LES CONJURÉS.

A demain.

(*Tous se retirent*).

SCÉNE II.

MONTALVI, *sort d'un cabinet, attenant à l'appartement.*

A demain ! résistons à l'excès de ma joie;
Elle me trahirait et sauverait ma proie.
Ainsi de ce complot, qu'avec tant de raison
Je soupçonnais, voyant que dans cette maison
Tant de gens , chaque nuit, entraient avec mystère ,
Je tiens donc tous les fils? Mon cœur ne peut se taire.

Tes vœux seront trompés, tu ne seras pas roi,
Henrique; et ce demain te remplira d'effroi.
De ma fortune enfin la course recommence,
L'adversité me lâche et je tiens la vengeance.
Charles ne pressent par la trame qui s'ourdit;
Le sauver, c'est sauver ma tête et mon crédit!
Il sera renfermé dans ce castel perfide,
Avant que jusqu'à lui son étoile me guide :
Du moins cela se peut et je dois tout prévoir.
Là d'un avis.... Comment le faire recevoir ?
Comment? dans son castel Henrique sera maître ,
Un visage inconnu ferait ombrage au traître ;
Il ne souffrira pas... J'y suis... qu'un troubadour
Feignant de consacrer tous ses chants à l'amour
Demande... entrera-t-il? que cette crainte cesse!
Devant un troubadour tout pont-levis s'abaisse.
Près de là, j'attendrai Charle et je... s'il restait,
Si d'adresse avec moi mon ennemi luttait !
S'il restait!... je suis fou de craindre une chimère ;
Un roi si défiant ! Mais la prudence est mère
De sûreté. Prévoir est l'art de réussir,
Ce cas peut arriver; il faut le prévenir.
Quel moyen ! j'envois un , mais d'un péril immense.
Moi j'oserais !... projet qui tient de la démence !
Immense ! pourquoi donc exagérer ainsi ?
Le danger fut le même, en me glissant ici.
Non pas : car il n'était ni pont-levis ni gardes,
Et là-bas... après tout, qu'est-ce que tu hasardes ?
Ta vie ! elle vaut peu, proscrit comme tu l'es ,
Et tu peux regagner tes honneurs, ton palais.
S'il le faut, de quels biens cette audace est la source!
Mais pour y réussir, j'ai plus d'une ressource.

5

Il est un être ici dont je dispose en roi
Qu'enchaînent à mon gré les liens de l'effroi,
Que son fatal destin tout entier m'abandonne,
Qui tremble quand je parle, obéit quand j'ordonne.
Pauvre femme ! jadis elle ne tremblait pas,
Je la voyais courir au-devant de mes pas ;
Elle me croyait bon et vertueux comme elle;
Qu'elle était, pour me plaire, heureuse d'être belle !
Mais je devins féroce, en cessant d'être aimé,
J'ai repris cet orgueil, qu'elle avait réformé.
Je ne sais quel plaisir, quelle joie infinie
J'éprouve, à tourmenter ce cœur qui me renie,
Car c'est ainsi du moins que le mien est vengé,
Que j'étouffe un amour qui n'est plus partagé.
Désormais cette femme à trembler doit s'attendre,
Puisqu'elle méconnaît un sentiment plus tendre.
C'est assez, l'horizon s'est enfin éclairci ,
Ma vengeance est certaine, et....

SCÈNE III.

VIRGINIE.

Vous restez ici !

MONTALVI.

Que ton son sang recommence à couler dans tes veines!
Tu cédais, faible femme, à des alarmes vaines.

VIRGINIE.

Vous! j'en frémis encore! vous dans ce lieu caché!
A deux pas de mon père !

MONTALVI.

Il ne m'eût point cherché,
Dans sa propre maison. Mon audace est extrême,

Mais je trouve un abri dans cette audace même.

VIRGINIE.

Vous vous faites un jeu de me voir frissonner.
Si votre dernière heure était près de sonner,
Si mon père.....

MONTALVI.

Qu'il rentre! Il avait une escorte
D'amis tous disposés à lui prêter main-forte.
Il serait seul alors.

VIRGINIE.

Et.....

MONTALVI.

Je ne fuirais pas,
Et lui seul, je l'atteste, aurait peur du trépas.

VIRGINIE.

Vous l'oseriez combattre !

MONTALVI.

Ainsi donc, pour te plaire,
Quand je puis du passé lui payer le salaire,
Respectueux esclave et tombant à genoux,
je lui tendrais la gorge et bénirais ses coups.
Non certes. Entre nous que la lutte s'engage,
Et tu verras l'effet répondre à mon langage.
Par un récent affront mon courroux affermi,
N'admettrait aucun pacte avec mon ennemi.

VIRGINIE.

Cet ennemi, grand Dieu! ressemble-t-il à d'autres ?
Et s'il a mes respects, n'a-t-il pas droit aux vôtres ?
Poursuivez donc. Foulez à vos pieds criminels,
Le titre le plus saint qui soit chez les mortels.

MONTALVI.

Hé quel titre !

VIRGINIE.

Celui que vous donna ma honte
Dont votre ingrate foi ne me tient aucun compt
Destin trop mérité de tout ce que je fis !
Vous combattrez mon père et vous êtes son fils.

MONTALVI.

Qu'il le sache et consente à refréner sa haine !
Rendons publique enfin notre secrète chaîne.

VIRGINIE.

Ah ! dites-moi plutôt de vous offrir mon sein ;
De ne pas repousser votre fer assassin.
Me parer à ses yeux de mon ignominie !
Grand Dieu ! lui nommer l'homme auquel je suis unie !
Non ! non.

MONTALVI.

Quel tendre aveu ! comme il doit me flatter !

VIRGINIE.

Il maudirait le jour et voudrait se l'ôter.
Sa fille, son amour, le repos de son âme,
Le charme de ses yeux, se déclarant infâme,
Femme d'un Montalvi ! Témoin de ma douleur
Dieu saint, que j'offensai, détournez ce malheur !
C'est assez de remords, je n'aurai point, j'espère,
Celui d'avoir creusé la fosse de mon père.

MONTALVI.

Tu me traites fort bien. Quel portrait gracieux !
Henrique, en vérité, ne le ferait pas mieux.
Achève-le.

VIRGINIE.

Sur vous, lorsque je l'interroge,
Mon cœur a t-il le droit de faire votre éloge ?

MONTALVI.

Que me reproches-tu ?d'avoir daigné t'aimer.
Reproche-toi d'abord d'avoir su me charmer.
A l'attrait du bonheur aurais-je été rebelle ?
Pourquoi ne pas t'aimer, si je te trouvais belle?

VIRGINIE.

De mes bontés, pour vous, vous me payez le prix,
En me faisant sentir l'aiguillon du mépris.
Mais la séduction d'une femme ingénue,
Qui livrait à vos yeux son âme toute nue,
Qui, facile à répondre à votre feinte ardeur,
Volait vers un péril qu'ignorait sa candeur,
Ce crime est-il le seul dont ma voix vous accuse ?

MONTALVI.

Nous y voici. Jamais cette corde ne s'use.
Fidèle à ton usage ou bien à tes remords,
Interroge la tombe et fais parler les morts.
Sous ces lambris voilés d'un crêpe funéraire,
Dis, qu'on entend gémir les mânes de ton frère.

VIRGINIE.

Barbare !

MONTALVI.

Est-ce fini ?

VIRGINIE.

Cessez ce ton, cessez.
Touvez-vous que mon cœur ne vous hait point assez?

MONTALVI.

Sans doute il eût fallu...

VIRGINIE.

Pleurer votre victime.

MONTALVI.

Lui portais-je un seul coup qui ne fût légitime?

VIRGINIE.

Qui me l'atteste ?

MONTALVI.

Moi.

VIRGINIE.

Puissiez-vous dire vrai !
Verser, sans aucun trouble, un sang aussi sacré !

MONTALVI.

Je le veux. Mais le mien m'est cher avant tout autre.

VIRGINIE.

Trop digne sentiment d'un cœur tel que le vôtre !

MONTALVI.

Changeons donc de sujet. Tout s'épuise. On prétend
Que Charles, (C'est un bruit qu'à Naples on répand),
De retour de Palerme, en sage politique,
Demain doit s'arrêter dans le castel d'Henrique.
De gagner un tel homme il doit être jaloux,
Et le sait trop loyal, pour en craindre les coups.
Est-ce un bruit faux ?

VIRGINIE.

Pourquoi vous en faire un mystère ?
Je n'ai nul intérêt sans doute à vous le taire.
Oui Charles, se fiant au cœur le plus loyal,
Accepte le banquet, le lit de son vassal.

MONTALVI.

Il suffit. Virginie, il faut que je le voie.

VIRGINIE.

Juste ciel !

MONTALVI.

Et tu dois me mettre sur la voie.

VIRGINIE.

Que dites-vous?

MONTALVI.

Je veux arriver jusqu'à lui,
Contre un injuste arrêt réclamer son appui.

VIRGINIE.

Non, non.

MONTALVI.

Tu me connais.

VIRGINIE.

Que trop. Mais désespère
De me faire tramer la perte de mon père,
Serpent qui me punis de t'avoir conservé,
Qui mords ingratement la main qui t'a sauvé.

MONTALVI.

Ne crains rien pour ton père. Il me croyait coupable;
A mes yeux, c'est moins lui que la loi qui m'accable.
J'oublïrai sa conduite, en rentrant au pouvoir;
La vengeance du fort est de n'en point avoir.

VIRGINIE.

Va, fais le généreux, détestable hypocrite:
Partout, en traits de sang, ta clémence est écrite.
Un héros d'un affront se venge en pardonnant,
Oui, sans doute; mais toi, c'est en assassinant.

MONTALVI.

J'ai peu de patience. Abrégeons ces querelles.
Quand la nuit du château brunira les tourelles,
Auprès du pont-levis je t'attendrai.

VIRGINIE.

                                   Long-temps.

MONTALVI.

Ah! ne me force pas à compter les instans.

VIRGINIE.

Grand Dieu!

MONTALVI.

Soupire moins et laisse-moi t'instruire.
J'attendrai donc. C'est toi qui viendra m'introduire,
Dans les longs corridors tu guideras mes pas,
Et jusqu'au lit du roi...

VIRGINIE.

Je n'obéirai pas.

MONTALVI.

Vous n'obéirez pas, madame.

VIRGINIE.

Je le jure.

MONTALVI.

Retractez ce serment, car vous seriez parjure,
Vous n'obéirez pas, et j'ai dit que je veux.

VIRGINIE.

Une sueur de glace inonde mes cheveux,
Je croirais sous mes pieds que la terre est mouvante.

MONTALVI.

Je puis vous réserver encore plus d'épouvante.
Vous n'obéirez pas.

VIRGINIE.

Et mon père !...

MONTALVI.

Il vivra
Si mon ordre est suivi. Sinon, il périra.

VIRGINIE.

Vous voulez m'effrayer.

MONTALVI.

Songez qu'un fratricide
Peut, sans de grands efforts, devenir parricide,
Madame.

VIRGINIE.

O monstre affreux !

MONTALVI.

Votre père !... il suffit,
Mais il saura l'affront que sa fille lui fit.

VIRGINIE.

Plutôt cent fois mourir !

MONTALVI.

L'aveu de cette flamme
Comme un dard acéré, déchirera son âme.

VIRGINIE, (*se jetant à ses pieds*).

Souffrez que de mes pleurs j'arrose vos genoux.
Ai-je perdu tout droit au cœur de mon époux?
Ne puis-je?...

MONTALVI.

Contre qui te sers-tu de tes armes,
Faible enfant? est-ce moi qu'attendrissent des larmes.
Dois-je attendre ton père?

VIRGINIE.

Oh ! non.

MONTALVI.

Je t'attendrai.
Auprès du pont-levis, demain soir.

VIRGINIE.

J'y serai.

SCÈNE IV.

VIRGINIE, (*elle reste quelques instans sans parler*).

Contre ce cœur d'acier ma prière s'émousse.
J'embrasse ses genoux ; mais comme il me repousse ?

Je gémis; je l'implore, il ne m'écoute pas.
Mais mon père revient; je reconnais ses pas.
Depuis que j'ai pleuré, sans être consolée,
De mon coupable lit la pudeur exilée,
Quand il paraît, hélas! j'interroge ses yeux,
Je crains de les trouver instruits et furieux.
J'ai peur de ses discours; j'ai peur de son silence,
Et je cherche à la fois, et je fuis sa présence.
Puisse aujourd'hui surtout le secret de mes torts.
N'être pas indiqué par de si vifs remords!

SCÈNE V.

HENRIQUE, VIRGINIE.

HENRIQUE.

Tu m'attendais, ma fille. A ta paisible couche,
Tu ne t'es pas rendue et voulais de ma bouche
Recueillir les adieux et les baisers du soir.

VIRGINIE.

Sans doute... je voulais...

HENRIQUE.

        Près de moi viens t'asseoir,
O ma fille. A mes yeux ta vue est toujours chère,
Je n'ai plus d'autre fruit de l'amour de ta mère;
Toi seule, quand la mort est déjà sur le seuil,
Peux jeter quelques fleurs au bord de mon cercueil.

VIRGINIE.

Autrefois, dans mon cœur, j'aime à me le redire,
Sur vos lèvres ma voix appelait le sourire,
Et vos yeux sur les miens doucement inclinés,
Semblaient dire : au bonheur : tu les as ramenés.

HENRIQUE.

Autrefois et toujours! du monde retirée,
Au repos d'un vieillard ta vie est consacrée,
Chère enfant; c'est à Dieu de te récompenser,
D'un amour vertueux, que rien n'a pu lasser.

VIRGINIE.

Cet amour, ô mon père, est-il égal au vôtre?

HENRIQUE.

Qu'il est doux de s'aimer! quelle paix est la nôtre!
L'un sur l'autre appuyés, calmes parmi les pleurs,
Nous traversons la vie, oubliant nos malheurs.
Mais, tu baisses tes yeux à l'aspect de ton père!
Leur langage est trop pur pour en faire un mystère.
Tu sembles de mes bras vouloir te dégager!
Aurais-tu des chagrins? fais-les moi partager.

VIRGINIE.

Combien.... cette bonté.... me paraît accablante!

HENRIQCE.

Pourquoi me parles tu d'une voix si tremblante?

VIRGINIE.

Pourquoi? c'est que la vôtre a déchiré mon cœur.

HENRIQUE.

Quel sujet sur ton front répand cette rougeur?
Ma tendresse inquiète a droit de le connaître.

VIRGINIE.

Mon secret, malgré moi, s'échapperait peut-être
Et je veux....

HENRIQUE.

          Entre nous, il est donc un secret.
Ne crains pas de ma part un reproche indiscret;
Va, je sais compatir aux erreurs de ton âge.
Si ton cœur est troublé par un premier orage,

Je n'ai point oublié ceux de mes jeunes ans,
Et les yeux d'un vieillard sont toujours indulgens.

VIRGINIE.

On sait que de l'amour, dans le cœur d'une femme,
En le formant, un Dieu grave la douce flamme.
Douce flamme! Non, non, c'est un feu dévorant
Qui renaît furieux, quand on le croit mourant,
Qui promet le bonheur, alors qu'il le ruine,
Et qui de la vertu dessèche la racine.
Qu'exigez-vous de moi? que faut-il découvrir?
Oui, j'aime, et c'est vous seul que j'aurais dû chérir.

HENRIQUE.

Tu te croyais coupable. Un remords... que j'estime,
Dans un tel sentiment te faisait voir un crime.

VIRGINIE.

Le crime le plus noir et que Dieu doit punir.

HENRIQUE

Si ton penchant est pur, tu n'en dois pas rougir.

VIRGINIE.

O mon père !

HENRIQUE.

            Dis-moi celui que tu préfères ;
Je ne le verrai point avec des yeux sévères,
Je te promets déjà de l'adopter pour fils;
De ton amour, pour moi, tu recevras le prix.

VIRGINIE.

Je me jette à vos pieds, pour les baigner de larmes.

HENRIQUE.

Par ta reconnaissance, oh ! combien tu me charmes.
Je suis un heureux père. Astre de ma maison
Qui du soir de ma vie éclaircis l'horizon ,
Ma fille , sois bénie, et qu'ici Dieu descende !

Sur ta tête, à ma voix, que sa droite s'étende .
S'il a des châtimens pour les enfans ingrats ,
Il adopte et conduit ceux qui ne le sont pas.
Qu'il acquitte ma dette, en te rendant heureuse !
Qu'il te donne une fille aimable et vertueuse !
Pour moi seul réservant les pleurs et les chagrins ,
Que l'avenir pour toi n'ait que des jours sereins
Ma fille !

VIRGINIE *d'un air égaré.*
L'Eternel est un juge sévère ;
Vous avez blasphémé son nom que je révère ,
Que je crains.

HENRIQUE.
Quel langage !

VIRGINIE.
On ne doit pas bénir,
Un être qu'il condamne et s'apprête à punir.

HENRIQUE.
A punir !

VIRGINIE.
Ouvrez-moi votre âme généreuse ;
Pleurez sur votre fille; elle est bien malheureuse.

HENRIQUE.
Mais bien peu confiante.

VIRGINIE.
Au nom de la pitié,
Mon père , gardez-moi votre tendre amitié !

HENRIQUE.
Mais c'est là du délire.

VIRGINIE.
Oh ! que je suis coupable,
Et qu'à vos yeux, bientôt, je serai détestable !

4

HENRIQUE.

Toi, ma fille !

VIRGINIE.

Mon cœur, brisé par le remords,
Par autant de bonté sent aggraver ses torts.

HENRIQUE.

Explique les.

VIRGINIE.

Jésus peignit l'enfant prodigue
Rentrant, près de son père, oublier sa fatigue.
Je dirai, comme lui, mourante à vos genoux :
J'ai péché contre Dieu, j'ai péché contre vous.

HENRIQUE.

Vas-tu m'ôter d'un mot le bonheur de ma vie ?
Par l'arrêt du destin si tu m'étais ravie,
Je pourrais vivre encor : Je m'ôterais le jour,
En ne te trouvant plus digne de mon amour.

VIRGINIE.

Que dites-vous ?

HENRIQUE.

Mais non : j'ai lu dans ta belle âme.
Le plus doux sentiment que connaisse une femme
T'alarme, t'épouvante ! Hé ! ne t'ai-je pas dit
Qu'à t'imposer son choix jamais ne prétend t
Ton père, ton ami. Donne à ce tendre père
Un fils qui dans son cœur tienne lieu de ton frère,
De cet infortuné que nous pleurons tous deux ;
Qu'un infâme assassin... De ce mortel hideux
Sur mes lèvres jamais le nom ne se présente
Sans les glacer d'horreur.

VIRGINIE.

De ma raison absente

Souffrez.....

HENRIQUE.

Quelle pâleur !

VIRGINIE.

Cette scène.... ces mots....

(Se reprenant.)

Dont le ton persuasif doit adoucir mes maux....

HENRIQUE.

Mais ton esprit s'égare.

VIRGINIE.

Hélas !

HENRIQUE.

Elle chancelle.

Personne ici.

SCÈNE VI.

LES PRÉCÉDENS, LE SÉNÉCHAL.

LE SÉNÉCHAL.

Partons , seigneur , l'aube étincelle ,
Vos écuyers sont prêts. Charles nous attendra
Si nous tardons... songez qu'il en murmurera.

HENRIQUE.

Il s'en faut bien encore que le soleil ne brille ,
Et nous avons le temps de secourir ma fille.

FIN DU PREMIER ACTE.

ACTE SECOND.

Le théâtre représente une salle ornée avec une esquise
magnificence, une table chargée de mets, de vases de fleurs
et de fruits est sur le côté. Charles d'Anjou et les autres per-
sonnages, y sont assis. Des pages rafraîchissent l'air avec des
éventails de plumes de paon, d'autres changent les urnes, ou
versent à boire aux convives.

SCÈNE I.

CHARLES D'ANJOU, HENRIQUE, BRISSAC, MONT-
FORT, Courtisans, Pages et Varlets.

CHARLES.

Des roses de Pœstum respirons les parfums,
Et noyons, dans le vin, les soucis importuns.
Que j'oublie, en ce jour où j'échappe à moi-même,
Les ennuis voltigeans autour du diadème !
Buvons, amis buvons ! Lassé d'être captif,
Sur la mer des plaisirs, je lance mon esquif.
Aux vierges de quinze ans dérobons leur sourire,
Volons-leur des baisers, chantons-les sur la lyre,
Et d'un doigt repoussé par la tendre pudeur,
De leur cou fléchissant caressons la blancheur.

BRISSAC.

Qu'un saint anachorète, occupé de son âme,

Refuse de penser aux yeux bleus d'une femme !
Dédaignant de sourire aux anges d'ici-bas,
Pour en voir dans les cieux, il attend le trépas ;
Moi, que ne tente point son paradis sévère,
Le mien, c'est de chanter la beauté qui m'est chère,
D'écouter, vers le soir, ses timides aveux,
De baiser tendrement l'or de ses longs cheveux.

MONTFORT.

Mais pour moi, du vallon j'aime la solitude ;
Mon cœur y sent calmer sa vaste inquiétude.
Que de fois, à vos jeux, à moi-même échappant,
Je me pris à rêver sur le bord du torrent !
Ne pouvais-je, écoutant sa chute vagabonde,
Comparer nos plaisirs au vain fracas de l'onde !
Car il fuit, ce bonheur qui nous coûte si cher,
Et ne laisse, après lui, qu'un sentiment amer.

BRISSAC.

Bois, pour te délivrer de ta mélancolie
Le falerne écumeux dont ta coupe est remplie.
A la santé du roi !

MONTFORT, *à Charles d'Anjou,*
Buvons à vos exploits ;
Célébrons vos lauriers, ceuillis dans les tournois.
Votre cœur généreux méconnut les alarmes,
Et tous nos paladins cédèrent à vos armes,
Sire.

CHARLES.

Un roi qui se livre aux loisirs des héros,
Parmi ses courtisans n'a jamais de rivaux,
Montfort, ou trop adroits pour surpasser sa gloire,
Ils osent, tout au plus, balancer sa victoire.

BRISSAC.

C'est trop mal vous juger, sire, et vos courtisans
Pouvaient être vaincus, sans être complaisans.

CHARLES.

De mieux en mieux.

BRISSAC.

Ma foi, quittons la flatterie ;
Je montre, en m'en mêlant, certaine gaucherie.
Je n'ai pas à flatter gagné mes éperons,
Mais en valant, moi seul, un ou deux escadrons ;
En étant après vous, qu'aucun guerrier n'égale,
Dont jusqu'ici la gloire a brillé sans rivale,
La fleur des chevaliers. Si quelqu'un me dément,
Je suis prêt à répondre.

CHARLES.

Et nous savons comment.
Il faut perdre l'esprit ou s'ennuyer de vivre,
Pour t'adresser un mot, qu'une lutte doit suivre.

BRISSAC.

Cent guerriers tels que vous, si ce n'est tels que moi,
Vingt fois à la Sicile auraient donné la loi.

HENRIQUE.

Peut-être ?

BRISSAC.

Mon cher hôte, usons de courtoisie.
Voyez-vous nos exploits d'un œil de jalousie ?
J'en suis marri.

HENRIQUE.

Si Rome...

BRISSAC.

Ah ! ne m'en parlez pas.
Toujours Rome ! du pape en nous croit les soldats.

HENRIQUE.

a fait vos succès, plutôt que votre glaive.

BRISSAC.

Vous me jetez le gant, et si je le relève.....

HENRIQUE.

Permis à vous.

BRISSAC.

Je dois modérer mon ardeur
Et ce falerne exquis plaide en votre faveur.

CHARLES.

Singulière dispute !

HENRIQUE.

Elle n'est pas nouvelle,
Et son mépris pour nous chaque jour se révèle.
Je ne suis pas Français, devant moi se vanter
De ses faits glorieux, n'est-ce pas m'insulter ?
Ses compagnons et lui nuisent à votre cause ;
Comme un mur entre vous et le peuple se pose,
Cet orgueil.....

CHARLES.

Allons donc ! on ne m'aimerait pas :
A vous croire... Après tout, j'ai conquis mes Etats.
Qu'elle y consente ou non, Naples est mon esclave.
Ses trésors, je les tiens : Ses poignards, je les brave.

BRISSAC.

A nous, ses orangers ! à nous, son ciel d'azur !
Ses brises du matin ! ses filles au teint pur,
A l'œil rempli d'amour, à la tresse odorante !
Je veux, les yeux mouillés des vapeurs du Sorrente,
M'endormir au doux bruit de leurs baisers brûlans.
Nous régnons sur ces bords ; aux gibelins tremblans,
Nous ravissons leurs biens et le cœur de leurs femmes.
Si l'un d'eux nous résiste, il voit briller nos lames.

SCÈNE II.

LES PRÉCÉDENS, LE SÉNÉCHAL, UN TROU-
BADOUR.

(Pendant cette scène les varlets ôteront la table.

LE SÉNÉCHAL.

Sire, ce ménestrel, des hauts faits de ce jour
Veut chanter la splendeur; il veut chanter l'amour
Qu'inspire votre aspect. Je l'admets, pour vous plaire.
On doit, dans un banquet, une place au Trouvère.

CHARLES.

Avancez, ménestrel, votre hommage est flatteur.
De la lyre et du chant je suis le protecteur.
Tout prince des beaux-arts doit être l'espérance,
Et moi-même jadis, au doux pays de France,
J'essayais, sous mes doigts, le luth de troubadour.

BRISSAC.

Du célèbre Thibaut j'ai fréquenté la cour.

CHARLES.

Réservons, pour nos fronts, les lauriers de la guerre,
Brissac.

BRISSAC.

Du ménestrel j'aime à ceindre le lierre.

CHARLES.

Silence ! du prélude écoutons les accords.

LE TROUBADOUR.

Lorsque l'aimable tourterelle,
Au nid témoin de son bonheur,
Attend l'époux cher à son cœur,
Il n'est point de plaisir pour elle.
De ses craintes, de ses douleurs,

Elle entretient l'écho de la montagne.
Ta Béatrix est tout en pleurs,
O roi, quitte ces lieux trompeurs,
Et va rassurer ta compagne.

Si pour cueillir la primevère,
Un enfant parcourt le vallon,
Un dard caché sous le gazon
Peut coûter des pleurs à sa mère.
Souvent la rose des festins
Sert à cacher l'apprêt des funérailles.
O roi, mes avis sont certains,
Déjà l'arbitre des destins
Grave trois mots sur ces murailles.

CHARLES.

Chanteur audacieux....

LE TROUBADOUR.

J'ai parlé. Tremble et sors.
(Il s'esquive.)

SCÈNE III.

LES PRÉCÉDENS, moins le Troubadour.

CHARLES.

Tremble et sors ! c'est à moi que ce conseil se donne !
Oui.
(Il se promène à grands pas.)

Par le sang du Christ, l'aventure m'étonne.
(S'arrêtant devant Henrique.)

D'un piège quand un roi cherche à se retirer
Ce n'est qu'en immolant qui l'osa préparer.
(Continuant de marcher.)

Je vous reconnais là, napolitains perfides,
Qui cachez sous des fleurs vos filets homicides !
Votre discours est tendre, on s'y trompe et soudain

Vous approchez de nous, un poignard à la main.

(S'arrêtant.)

Mais pourquoi de cet homme a-t-on souffert la fuite?
Qu'il s'explique! Brissac, volez à sa poursuite.

SCÈNE IV.

LES PRÉCÉDENS; moins Brissac,

Charles continue à se promener, la main sur son front et paraissant
violemment agité. Ses courtisans parlent à voix basse. Henrique
s'avance sur le devant de la scène.

HENRIQUE, (*à part*).
Quel contre temps! quel rôle il me faudra jouer!
Le piège est pressenti; dois-je tout avouer?
Oui, si ma sûreté seule était compromise.
Plus d'une destinée entre tes mains fut mise.
Henrique; tes amis, si tu manques tes coups
Périront ; ton pays de ces farouches loups...
CHARLES, (*lui serrant le bras*).
C'est assez réfléchir; daignerez-vous répondre?
Vous maîtrisez l'effroi qui vient de vous confondre.
HENRIQUE.
Je veux qu'à la torture on l'applique à l'instant,
Qu'il dise, près de moi quel danger vous attend,
Cet homme dont un mot a compris ma tête,
Qui vient en jour de deuil changer ce jour de fête.
CHARLES,
Je parlerais ainsi, si je voulais trahir.
HENRIQUE.
Quand m'avez vous donné le droit de vous haïr?
Avant de me flétrir ici du nom de traître,
Cherchez quelles raisons je puis avoir pour l'être.

CHARLES.

Une seule ! autrefois, vous étiez Gibelin.
On vous a vu pleurer la mort de Conradin.

HENRIQUE.

Tout en le punissant de son orgueil extrême,
Aux yeux de tout l'état, vous l'avez plaint vous-même.

CHARLES.

Vous l'avez regretté.

HENRIQUE.

Comme homme.

CHARLES.

                                        Comme roi.
C'est un usurpateur que vous vîtes en moi.

HENRIQUE.

D'abord, cela se peut.

CHARLES.

                        Je me suis fait redire
Vos discours imprégnés du fiel de la satyre,
De la haine.

HENRIQUE.

            Admettons : Je vous ai détesté ;
Je vous servis, du moins, avec fidélité.

CHARLES.

Je ne m'en doutais pas.

HENRIQUE.

                        Tout récemment encore,
Quand Montalvi.....

CHARLES.

                    Combien ce procès vous honore !
Montalvi !... vous frappiez votre ennemi mortel
Non le mien, car jamais je n'eus un ami tel.

HENRIQUE.

Mais son impunité....

CHARLES.

Compromettait ma gloire.
Très bien. Vous l'avez dit, je consens à vous croire.
Vous agîtes pour moi ; j'en suis reconnaissant.
C'est ainsi que le faible attaque le puissant.
Il se pare, à ses yeux d'un hypocrite zèle....

HENRIQUE, (*d'un air indigné*).

Sire !...

CHARLES.

Il cherche à passer pour un ami fidèle ,
C'est qu'il sait que sa trame en réussira mieux.

HENRIQUE.

Sire !...

CHARLES.

Je suis venu sur ces bords odieux,
Pour éteindre le feu de la guerre civile.
Il en coûte bien cher de régner en Sicile.
Peuple sombre et haineux ! lâche dans les combats ,
Se vengeant des succès par des assassinats.
Des grands, rongés d'orgueil et remplis de bassesse,
De respects sans valeur me fatiguant sans cesse,
Et tous, au fond du cœur, n'ayant qu'un même but:
Renverser l'homme auquel Naples doit son salut !
Tout ceci doit finir : qu'on m'aime ou qu'on m'abhorre,
J'ai versé bien du sang , j'en puis verser encore.
La révolte a parlé , mais je parle plus haut.
Pour sceptre , j'ai du fer ; pour code , un échafaud.

HENRIQUE.

Nous rougissons pour vous d'entendre ce langage.

CHARLES, (*avec colère*).

Henrique?

HENRIQUE.

Je défends le peuple qu'il outrage.
Ne vous livrez pas, sire, à de tels mouvemens,
Et conservez d'un roi les nobles sentimens.

CHARLES.

Au lieu d'être confus...

HENRIQUE.

C'est au coupable à l'être.
Liriez-vous tant de calme au visage d'un traitre?

CHARLES.

Cet homme enfin...

HENRIQUE.

N'est point un lâche médisant,
Sire, et son témoignage est sans doute imposant.

CHARLES.

Il a dit : tremble et sors, et paraissait sincère.

HENRIQUE.

Et docile à ses vœux, vous tremblez pour lui plaire.

CHARLES.

Je respecte un conseil donné par un ami.

HENRIQUE.

On en donne de tels, pour perdre un ennemi.

CHARLES.

Vous soupçonnez...

HENRIQUE.

Moi, rien. Mais je cherche une excuse
A la méchanceté du fourbe qui m'accuse.
D'une rare faveur vous m'avez honoré ;
Le cœur d'un envieux en peut être ulcéré.
De là...

CHARLES.

C'est supposer une haine bien noire.

HENRIQUE.

Vous placez un mortel au faîte de la gloire,
Malheur à lui! tout haut, on l'encense; tout bas,
La sombre trahison se glisse sur ses pas.

CHARLES.

Enfin....

HENRIQUE.

J'en ai trop dit. Au soupçon d'un tel crime
J'aurais dû n'opposer qu'un dédain magnanime.

CHARLES.

Du dédain avec moi!

HENRIQUE.

Du dédain avec vous!
Parfois à la vertu sied un noble courroux :
Vous flétrissez d'un mot une honorable vie.
Voulez-vous, qu'à genoux, je vous en remercie?

CHARLES, (*à part*).

Me serais-je trompé? qu'il est adroit, s'il ment!
Mais qui pourrait mentir aussi tranquillement?
La voix a des sons, l'œil d'involontaires larmes
qui de la conscience accuse les alarmes,
Et lui... voici Brissac.

SCÈNE V.

LES PRÉCÉDENS, BRISSAC.

CHARLES.

Hé bien ?

BRISSAC.

Il est parti !

HENRIQUE.

Le trait empoisonné n'en fut pas moins senti.
Le perfide s'éloigne, il a rempli sa tâche.
Il n'eût pu soutenir un mensonge aussi lâche.

BRISSAC.

C'est assez mon avis.

CHARLES.

Cet homme disparaît.
Il s'entoure avec soin, des voiles du secret.
Qu'est-ce à dire ? (*il cause avec Brissac*).

HENRIQUE (*à part, sur le devant de la scène*).

Ah ! je vois qu'à Dieu Naples est chère,
Mais je rougis pourtant de ce qui reste à faire.
Et déjà quelle brèche a faite à mon honneur,
Cet art dont je me tire avec tant de bonheur !
Fallait-il t'immoler l'estime de moi-même,
O Naples !... jusqu'au bout, prouvons-lui que je l'aime,
Le motif de ma faute en sera le pardon.
Par un dernier mensonge...

CHARLES.

A quoi pensez-vous donc ?

HENRIQUE.

Sire, il faut terminer une enquête importune.
Votre bonté dernière a comblé ma fortune.
De joie, en vous voyant ces murs ont tressailli.
Mais d'un subit effroi votre cœur assailli,
Pense qu'à mes banquets s'assied la perfidie.
La main que vous serrez en veut à votre vie,
Vous a-t-on dit. Le sort, dès l'ombre du danger,
Vous ordonne de fuir le toit d'un étranger.
De Naples à vos jours la fortune est liée.

Que d'un vieux serviteur la gloire humiliée,
Ne vous arrête point, sire. Ailleurs que chez moi,
Je veux que cette nuit se repose mon roi.
Les soucis veilleraient au chevet de sa couche.
Il croirait...

CHARLES.

D'un seul mot je vous ferme la bouche,
Je reste et je vous rends mes bontés et l'honneur.
Je vous veux de l'état confier le bonheur.
Perdant tout souvenir d'un présage sinistre,
Charles d'Anjou vous prend pour son premier ministre.

HENRIQUE.

Quoi ! sire....

CHARLES.

Acceptez-vous?

HENRIQUE.

O roi trop généreux !

CHARLES.

Plaignez mon sort : je règne et ne suis pas heureux.
Souvent de mes soupçons je voudrais être maître,
Mais, tant de fois trahi, je crains toujours de l'être.
Votre vertu remporte un triomphe parfait ;
Servez-moi désormais, comme vous l'avez fait,
Henrique.

BRISSAC.

Rapportez les coupes et les roses.
Aux soupçons, aux soucis, que nos âmes soient closes!
Reprenant la licence et les chants du festin,
Que l'on conspire ici, mais contre le chagrin !
Ne contrariez plus l'instinct qui me gouverne,
Rendez-moi les parfums des fleurs et du falerne.
Pour ne plus, en un mot, craindre la trahison,

Dans nos coupes, amis, noyons notre raison.
CHARLES.
Tu te mettrais à table au lever de l'aurore,
Qu'au coucher du soleil, on t'y verrait encore.
BRISSAC.
Je ferais de ma vie un éternel repas.
Le vin charme le cœur : Honte à qui ne boit pas !
L'amour a son ivresse, et les yeux d'une femme
Portent, comme le vin, un doux trouble dans l'âme.
Aussi, j'aime et je bois.
CHARLES.
        Mais que l'airain guerrier
Sonne ; on te voit cueillir un plus noble laurier.
BRISSAC.
Oui, sire, et tout Français d'allégresse tressaille,
Quand il peut respirer l'odeur d'une bataille.
CHARLES.
Un roi, comme un sujet, a besoin de repos,
Brissac, et le sommeil sait dompter les héros.
Je suis donc sans pitié pour la soif qui t'altère.
BRISSAC.
Je voudrais réclamer ; le respect me fait taire.
Sire.
MONTFORT, (*à Henrique*).
Désignez-nous l'appartement royal ?
HENRIQUE.
C'est ici.
(le fond du théâtre s'ouvre, on voit paraître un lit magnifique)
CHARLES.
Vous avez un Dieu pour sénéchal.
On se croit transporté dans le palais d'Alcine.
HENRIQUE.
Charle est ici le dieu devant qui je m'incline.

CHARLES.

Ah ! si je suis un dieu , je suis un dieu bien las.
Montrez-moi du respect mais ne blasphémez pas.

BRISSAC.

J'ai toujours su prévoir, que fidèle à l'usage,
Henrique, avec le temps, deviendrait moins sauvage.
Il n'a plus, sur le front, les rides d'un docteur,
Et sait fort bien remplir le rôle de flatteur.

CHARLES.

En serais-tu jaloux ?

RRISSAC.

Il faut que chacun vive
Moi, mon tour est passé, sire, et le sien arrive.

CHARLES.

Henrique ? on vous attaque.

HENRIQUE.

Il doit vaincre à ce jeu.
C'est un railleur habile et moi, je le suis peu.

BRISSAC.

Rire de son prochain est l'attribut du sage.
J'ai voulu de la vie égayer le passage ;
J'ai coupé prudemment les ailes du désir
Et, sans aller plus loin, je m'arrête au plaisir.
Même lorsque je hais, débonnaire et frivole,
Du bonheur d'un rival un bon mot me console.
Vous n'êtes pas le mien : je n'en ai qu'en amour,
Henrique.

CHARLES.

Tu serais le bouffon de ma cour,
Si toujours à sa place on mettait le mérite.

BRISSAC.

Par moi de tous les cœurs la tristesse est proscrite.

Voyez d'un calme heureux chaque front embelli ;
Et naguère d'effroi tous ces fronts ont pâli.
Comme on passe aisément des larmes au sourire ;
De la crainte à la joie !

CHARLES.

Assez… qu'on se retire.

Tout le monde se retire lentement, et après avoir salué le roi. On entend
gronder l'orage. Le roi resté seul, se promène quelques instans, ouvre
la fenêtre, et la referme après avoir considéré le ciel.

SCÈNE VI.

CHARLES d'Anjou.

CHARLES.

Le ciel de mille éclairs se montre étincelant ;
Je respire avec peine et cet air est brûlant.
Après un si beau jour, la foudre inattendue
De son bruit solennel a rempli l'étendue.
J'ai vaincu mon effroi ; j'en pressens le retour.
Cet orage soudain né du sein d'un beau jour,
Est peut-être un avis, envoyé par Dieu même,
Et du sort qui m'attend semble le noir emblème.
Par son fatal éclat Ah ! pourquoi m'abusant,
Plaça-t-on dans mes mains, un sceptre aussi pesant ?
Porter dans le sommeil ma noire inquiétude !
A parer des complots mettre ma seule étude !
Sort envié du peuple ! il serait étonné
S'il savait de quel fiel il est empoisonné.
Henrique a-t-il conçu la trame la plus noire ?
Va-t-il de soixante ans déshonorer la gloire ?
Mais je connais ce peuple, il est né pour trahir ;
En vain, je le caresse, il ne sait que haïr.
Les vertus d'un français lui paraissent des crimes ;

Le droit d'assassiner est parmi ses maximes.
Et je reste en ces lieux qui respirent la mort,
Et je daigne flatter le serpent qui me mord.
Non, non... que va-t-on dire? Esclave de ma crainte,
Au respect qui m'est dû, je vais porter atteinte.
On rira de me voir, à moi-même opposé,
Croire un bruit imposteur que j'avais méprisé.
Henrique a noblement repoussé mes alarmes,
Et peu s'en est fallu qu'il ne versât des larmes.
Mais si l'ambition tient les fils du devoir,
Grâce au nouvel honneur qu'il vient de recevoir,
Sous le règne du prince élevé sur ma cendre,
Il ne pourrait monter, mais il pourrait descendre.
Sa conquête m'assure un immense parti.
Hélas! par le passé je suis trop averti,
Qu'un trône, teint de sang, n'en devient pas plus ferme.
A l'audace des miens il saura mettre un terme,
Et Naples, à mon char le voyant s'attacher,
Doit-être sur ses pas jalouse de marcher.
Il est temps d'étouffer le foyer de ses haines,
C'est aux cœurs, non aux mains qu'il faut donner des
                    chaînes.
Henrique veut ma gloire, au lieu de mon trépas.
Allons donc à ce lit... Mes armes n'y sont pas.
Moi-même, à cet endroit, je les avais placées.
Dieu! quel nouveau sujet de sinistres pensées!
Mais non... Montfort sans doute... et pourquoi? dans
                    quel but?
On a voulu m'ôter mon ancre de salut;
M'égorger sans défense. Abominable traître,
De prévenir tes coups, j'aurai le temps peut-être.
Si l'un de nous périt, ce ne sera pas moi.

(Il va pour sortir.)

Cette porte résiste... O trop malheureux roi !
Mon sang avec lenteur dans mes veines se traîne.
J'éprouve... on a parlé dans la salle prochaine.
Peut-être on s'entretient de mon dernier moment.
J'entends des meurtriers l'affreux ricanement.
Je crois sentir un bras m'entraîner dans la tombe,
Et le mien, sans vigueur, de lui-même retombe.

SCÈNE VII.

CHARLES d'Anjou, HENRIQUE, un autre conjuré.

HENRIQUE.
Je ne suis point masqué, Charles, reconnais-moi.
CHARLES.
Avance et sans retard ose frapper ton roi.
HENRIQUE.
Frapper en assassin ! je veux frapper en juge.
N'attends point de secours : Dieu seul est ton refuge.
Tout dort et jusqu'à toi tout accès est fermé.
Le plus juste complot contre toi fut formé,
Charles : l'univers sait combien tu nous opprimes.
Absous-moi de reproche, en regardant tes crimes.
CHARLES.
Tu me caressais, tigre, afin de m'égorger.
HENRIQUE.
Naples avait choisi mon bras pour se venger.
CHARLES.
Sais-tu bien quel opprobre attendra ta mémoire ?
HENRIQUE.
Immoler un tyran, c'est se couvrir de gloire.
CHARLES.
Mes généreuses mains t'ont comblé de bienfaits.

HENRIQUE.

Je m'en sers aujourd'hui, pour punir tes forfaits.

CHARLES.

La mort, si tu le veux, mais du moins nul outrage.

HENRIQUE.

Quand j'étais courtisan , je fardais mon langage.

CHARLES.

Tu venais m'encenser.

HENRIQUE.

J'adorais ton orgueil :
Assuré, que par là, j'en préparais l'écueil.

CHARLES.

Grand Dieu ! j'attends en vain; ta justice se cache.

HENRIQUE.

Quand le fils de nos rois s'est courbé sous ta hache,
Il a jeté son gant et Dieu l'a ramassé.

CHARLES.

Il tentait de m'abattre et je l'ai terrassé.

HENRIQUE.

En bourreau. Mais que dis je? est-ce là ton seul crime?
Avant de supporter ton joug illégitime,
Naples de son bonheur insultait l'univers
Que la France a plongé dans le deuil et les fers.
Charles d'Anjou paraît; tout a changé de face.
Précédé par l'effroi, le sang marque sa trace.
Naples a fait entendre un long cri de douleur,
Et son front s'est voilé devant l'usurpateur.
Qu'on visite à présent nos campagnes chagrines !
Où s'élevaient les blés, l'on verra des épines.
Nos sillons sont foulés aux pieds de tes soldats ,
Ils ravagent nos biens, tu ne les punis pas.
Du lit de son époux l'épouse est exilée ;
Dans les bras maternels la vierge est violée.

Le tyran exigeait, que la mort dans le cœur
Chacun vint, à genoux, rendre grâce au vainqueur.
Tant mieux ! si ce discours aigrit ton arrogance.
C'est un doux supplément à ma faible vengeance.
Mais, Charles, dans le monde où les rois sont jugés,
Tu vas paraître, et là nous serons mieux vengés.

CHARLES.

O rage !

HENRIQUE.

J'ai parlé : je vais agir.

CHARLES.

Arrête !

HENRIQUE.

Je ne m'arrête plus, et ma justice est prête,
Nul défenseur ne peut te sauver du trépas.

SCÈNE VIII.

Les précédens, MONTALVI *s'élançant sur la scène*

MONTALVI.

Il en est un pourtant que tu n'attendais pas.
(Henrique reste atterré ; le fer qu'il tenait tombe de ses mains. Charles
par ses gestes, peint une surprise mêlée d'épouvante).

MONTALVI.

Son complice avant peu ne sera plus à craindre.
Sire :

(Il le frappe)

LE CONJURÉ.

A moi !

MONTALVI (*redoublant.*)

Tu mourras.

LE CONJURÉ.

Je sens ma voix s'éteindre.

Je....

(Il tombe.)

MONTALVI.

Le coup était ferme :
(Il donne à Charles l'arme du conjuré).
A vous ce fer ! prenez.

CHARLES.

La mort m'était offerte, et vous la détournez,
Vous que j'avais proscrit.

HENRIQUE.

Ma vue est éblouie ;
A peine si les sons parviennent à mon ouïe,
Et mon corps, où mon sang a cessé de courir,
A besoin d'un appui.
(Il s'appuie sur le dos d'un fauteuil).
MONTALVI.

Le ferez-vous mourir ?

CHARLES.

Etes vous en démence. Ah ! du sort qu'il mérite,
Il voit que dans mes yeux, la sentence est écrite.
S'il mourra !

MONTALVI.

Pressez-vous, j'ai tracé le chemin.

CHARLES.

Un roi d'un sang si vil ne tache pas sa main.
Ma Clémence, aujourd'hui, dans mon cœur doit se taire,
Mais je laisse au bourreau remplir son ministère ;
Sortons.

MONTALVI.

Ne sortez pas.

CHARLES.

Un trépas aussi doux
Ne saurait apaiser l'ardeur de mon courroux.
Je prodiguerai l'or à celui dont le zèle
Aura pu m'inventer la mort la plus cruelle.
Sortons.

6

MONTALVI.

Ne sortez pas, je vous l'ai déjà dit.
Charles, on ne craint plus le sang qu'on répandit.

CHARLES.

Sans masque et désarmé, ce fourbe est-il à craindre?

MONTALVI.

Des rayons de l'espoir son front vient de s'em-
preindre.
Il sait que s'il échappe à ce fatal instant,
Pour le nommer son roi, votre peuple l'attend.

CHARLES.

Que dites-vous?

HENRIQUE.

C'est moi, Charles qui vais répondre.
Non, tu n'as plus de peuple et Dieu va te confondre.
Ton orgueil fut si haut qu'il monta jusqu'à lui;
Il le juge, et demain ton dernier jour a lui.
Naples, qui t'a maudit du fond de ses entrailles,
A jeté ton drapeau du haut de ses murailles.
Naples de son opprobre est près de se laver,
Et dans le sang des tiens brûle de s'abreuver.
Je ne serai pas mort, quand j'aurai cessé d'être.
Dans chaque citoyen, tu me verras renaître.
En un mot, jusqu'au bout, ferme en ta cruauté,
Fais ouvrir mon tombeau; le tien est à côté.

MONTALVI.

Vous l'avez entendu?

CHARLES.

J'en ai frémi. Qu'il meure!

MONTALVI.

Et sans retard?

CHARLES.

Je vois quel est le prix d'une heure.

MONTALVI , (*avec un rire féroce*).

Ah ! je suis donc enfin maître de son trépas

HENRIQUE.

Ose attaquer.

SCÈNE IX.

LES PRÉCÉDENS, MONTALVI, VIRGINIE.

(Elle se jette entre Montalvi et son père).

VIRGINIE.

Non, non il ne l'osera pas.
N'es-tu pas satisfait de la mort de mon frère ?
N'ôterais-je jamais ce bandeau funéraire
Que ta main homicide a placé sur mon front?
Ainsi donc, sous tes coups, tous les miens tomberont!
Nul d'eux ne doit périr, sans que tu l'assassines,
Et tu veux traiter l'arbre ainsi que ses racines.
Mais mon père vivra ; Sache que je le veux,
Et qu'on ne peut toucher un seul de ses cheveux.
Tant qu'un souffle de vie animera mon âme.
Passe sur un cadavre et celui d'une femme,
Fais rejaillir mon sang sous ton pied inhumain,
Pour arriver à lui, voilà ton seul chemin.

HENRIQUE.

O ma fille !

VIRGINIE.

Ce nom double mon énergie ;
Nous nous serons tous deux fait le don de la vie.
Oui, je défends mon père, et ces lâches bourreaux
D'une femme timide auront fait un héros.

Serrez-vous contre moi : leur espoir homicide
Sera trompé : mon sein vous servira d'égide.

HENRIQUE.

Ma fille bien-aimée !

VIRGINIE.

Oh ! non, ne pleurez pas.
Il faut un grand courage et ces larmes hélas !
Ne peuvent qu'amollir.

MONTALVI.

Sortez, femme insensée.
Ma bonté jusqu'à vous, est encore abaissée.
Vous voulez réveiller le lion endormi.
Votre père, à vos yeux, n'a point assez frémi
Sans doute, et vous trouvez ma vengeance trop douce.

VIRGINIE.

Va : contre mon mépris ce dernier trait s'émousse.
Mon père est en péril ; j'ai cessé de trembler ;
Ainsi, sur mon effroi cesse de spéculer.
Je regarde tes yeux, altérés de vengeance,
Et soutiens, sans pâlir, leur terrible éloquence.
Oui, je me sens un cœur digne de tout souffrir.
Ce sein ! voilà mon poste et j'y saurai mourir.

CHARLES.

Votre amour filial mérite mon estime,
Mais j'acquis de punir un droit trop légitime,
Madame ; éloignez-vous. Songez que je suis roi,
Que l'on peut résister à d'autres, non à moi.

VIRGINIE.

Je saurais maintenant résister à Dieu même,
Sire : vous apprendrez comment une femme aime.
Mais que dis-je ? un seul mot vous sauve deux forfaits
Et ce mot que j'attends, vous le direz.

CHARLES.

Jamais.

MONTALVI.

Mais quel bruit ! à nos mains la proie est arrachée,
Et quelque trahison sous nos pas est cachée.

CHARLES.

Vous croyez ?

VIRGINIE.

Je respire. Ils vont enfin venir.

CHARLES.

Qui ? Madame.

VIRGINIE.

O mon Dieu, que je dois vous bénir !

CHARLES.

Parlez donc.

VIRGINIE.

Je passais auprès de cette porte;
J'écoutai : ma suivante alla chercher main forte,
Moi j'accourus.

(On entend plusieurs voix crier.)

Henrique !

CHARLES.

Où sont mes chevaliers?

MONTALVI.

Rassurez-vous. J'entends heurter des boucliers.

SCENE X.

**LES PRÉCÉDENS, LE SÉNÉCHAL, Serviteurs
d'Henrique et Chevaliers de Charles.**

LE SÉNÉCHAL.

Henrique !

6.

CHARLES.

A moi Français ! Cet Henrique est un traître.

LE SÉNÉCHAL.

Que l'on ose toucher aux jours de notre maître !...

CHARLES.

Attaquons.

LE SÉNÉCHAL.

Serrons-nous.

(A Henrique).

Mettez-vous au milieu,
Et, nous vous sauverons, avec l'aide de Dieu.

FIN DU DEUXIÈME ACTE.

ACTE TROISIÈME.

La scène représente une place publique de Naples.

SCENE I.

GONZALVI, AURÉLIO, CONJURÉS, peuple.

GONZALVI.

Ce soleil qui s'éveille éclaire un peuple libre !
Qu'importe ? si ce cri vole au-delà du Tibre.
Quand à son tribunal Rome citait les rois,
Que des peuples, contre eux, elle plaidait les droits,
Je l'aimais. Aujourd'hui, que des rois idolâtre,
Et de la liberté criminelle marâtre,
Les foudres dont son bras par Pierre fut armé,
Oisifs pour l'oppresseur, menacent l'opprimé,
Je la hais. Son orgueil se plaindra qu'on l'outrage :
Devons-nous par des fers payer son patronage ?
Faut-il du cœur humain étouffant la fierté,
Pour être ami du ciel, haïr la liberté ?
La liberté ! le Christ de son sang la fit naître ;
L'homme est égal à l'homme et n'a que Dieu pour
   maître :
Aux pieds du Golgotha ce dogme fut écrit,
Et Rome est contre Dieu, si Rome l'a proscrit.
Que l'airain, à grand bruit, comme aux jours de victoire

Célèbre, dans les airs, le retour de la gloire!
De l'état désormais arbitres absolus,
Couronnez-vous de fleurs, Charles d'Anjou n'est plus.
Un homme est apparu, qui secouant ses chaînes,
D'un joug, inébranlé par un torrent de haines,
Le plus dur qu'aux mortels ait prescrit un vainqueur,
Osa sapper la base. Il s'est dit dans son cœur :
Suis-je né citoyen de l'altière Sicile
Pour tendre à l'étranger une tête docile?
C'est par lui que mon champ doit-être récolté;
C'est pour lui que ma fille aura de la beauté !
A son opprobre, au vôtre il voulut mettre un terme,
Regarda son poignard, sut frapper un coup ferme,
Et ce roi, dont le nom traversait l'univers,
N'a pour trône et soldats, qu'un cercueil et des vers.

UN CONJURÉ.

Liberté ! liberté! que ton aurore est belle !

UN AUTRE CONJURÉ.

Brûlant de l'applaudir, tout le peuple l'appelle,
Ce héros qui nous rend maîtres de nos foyers !
Des roses pour nos fronts! pour le sien, des lauriers!

UN AUTRE CONJURÉ.

On nous traçait des lois à la pointe du glaive;
Français, vous tomberez, le peuple se relève.

UN HOMME DU PEUPLE.

De ma fille, par eux l'honneur fut outragé.

UN AUTRE HOMME DU PEUPLE.

En défendant sa sœur, mon fils fut égorgé.

UN AUTRE HOMME DU PEUPLE.

Le mien, devant ses yeux, vit insulter sa mère :
Ils ont dit, tu mourras, si sa pudeur t'est chère.

UN AUTRE HOMME DU PEUPLE.

Voyez-vous, sur mon front, ce stigmate infamant?

A l'enfant de nos rois j'avais prêté serment;
Les bourreaux m'ont flétri; ce n'est pas la blessure
qui m'aigrit; j'ai bravé le fer, mais non l'injure.

UN CONJURÉ.

Ils se sont renfermés, au fond de leurs palais !
Ils nous faisaient trembler; Ils tremblent désormais.

GONZALVI.

Quand du sable africain le monarque sommeille,
Le chasseur, pour frapper, n'attend pas qu'il s'éveille.
S'il attend, l'animal, dès qu'il se reconnaît,
Frémit et sur son front la majesté renaît :
Son ongle veut du sang, ses sauvages prunelles
De leur cercle agrandi lancent des étincelles.
Profitez du sommeil des lions de ces bords,
Enervés aujourd'hui, demain ils seraient forts.
Demain, il leur faudrait des vengeances horribles,
Plus ils auraient tremblé, plus ils seraient terribles.
Entraînons au combat nos femmes, nos vieillards.
Notre vaisseau s'avance au milieu des hasards,
Mais en vain, l'Océan compte sur son naufrage,
Si chacun, sur son bord, met la main à l'ouvrage.
Que du danger commun chacun soit convaincu !
Dans une heure, on dira : les français ont vécu.
Egorgeons les enfans, sur le sein de leurs mères,
S'ils grandissaient, un jour, ils vengeraient leurs pères.
Enfin, las sous leur poids de se déshonorer,
Ce sol attend leur sang, pour se régénérer.

UN CONJURÉ.

Mais découvrez vos fronts, j'aperçois le grand homme
Qui vient de nous soustraire aux caprices de Rome.

GONZALVI.

Citoyens ! Dieu m'inspire. En allant aux comb...,
Il nous faudrait un chef et nous n'en avons pa...

Faut-il à cent décrets que Naples soit soumise?
Qu'étouffant au berceau la liberté conquise,
L'anarchie au tyran donne des successeurs?
Placez sur le pavois l'un de vos défenseurs.
Lequel? vous le nommer serait vous faire injure.
Celui qui de l'état a fermé la blessure,
Doit-être de l'état le ferme protecteur.
Le voici, répondez.

SCENE II.

LES PRÉCÉDENS, HENRIQUE.

Quand Henrique entre sur la scène, il est salué par tous le peuple
du cri de :

Vive le dictateur !

GONZALVI.

Quel cri t'a salué, père de la patrie ?
Naples, dont ton exploit ranime l'énergie,
T'adopte pour son chef, mais sans te couronner ;
Même en obéissant, le peuple doit régner.

LE PEUPLE.

Vive le dictateur !

HENRIQUE.

A la chose publique.

Cherchez d'autres soutiens.

LE PEUPLE.

Nous ne voulons qu'Henrique.

HENRIQUE.

Un tel fardeau réclame une plus jeune main.
Je ne veux qu'un seul nom, celui de citoyen.
Et vous, réfléchissez, avant de prendre un maître.
S'il n'est pas un tyran, demain il pourra l'être.

LE PEUPLE.

Vive le dictateur !

HENRIQUE.

Hé bien ! puisqu'il le faut…

GONZALVI.

Sois-le. Le vœu du peuple, est celui du Très-Haut.

HENRIQUE.

Nul ne doit désormais regarder en arrrière,
Peuple !

AURÉLIO.

Nous vous jurons obéissance entière.

HENRIQUE.

Quelque soit le péril, vous jurez d'avancer.

GONZALVI.

Périsse de ma main, qui pourrait balancer !

HENRIQUE.

Qu'on m'écoute : un despote appuyé sur ses armes,
A ses autres tributs en joignait un de larmes.
Muette de douleur, Naples obéissait ;
L'espoir de son salut, mon cœur le caressait.
J'attirai, sous mon toit, ce despote farouche,
Déjà, le fer levé, j'étais près de sa couche,
Je me croyais enfin le maître de son sort,
Quand soudain… vous tremblez : Non, Charles n'est
      pas mort.

LE PEUPLE.

(Avec l'accent de la consternation.)

Pas mort !

HENRIQUE.

Ce Montalvi, qui de sa tyrannie
Fut l'âme et qu'on croyait absent de l'Italie,
Ou caché dans les monts, dans les bois d'alentour,
Veillait sur lui, parut, et lui sauva le jour.

LE PEUPLE.

Pas mort !

HENRIQUE.

Dieu s'est fait voir et de ma conscience,
Le saint frémissement m'annonçait sa présence.
Peuple, l'assassinat ne fut jamais permis,
Et n'honora jamais la main qui l'a commis.
Charles doit-être atteint du fer de la victoire;
Le ciel, en le sauvant, a sauvé notre gloire.
Qu'il paraisse, au combat nous allons tous courir;
Il pourra se défendre, il pourra donc mourir.
Quoi? vous restez muets; j'attends votre suffrage,
Mais je vois que la peur glace votre courage.

AURÉLIO.

Il n'est pas mort : cessez des discours superflus.

HENRIQUE.

Charles d'Anjou vivant, n'est qu'un homme de plus.

AURÉLIO.

Un homme, et son aspect fait pâlir une armée.

HENRIQUE.

Propos d'esclave !

AURÉLIO.

Il vient, sa haine est ranimée;
Ce lion étendra ses ongles en tous lieux ;
C'est un mauvais moment, pour paraître à ses yeux.

HENRIQUE.

Soldat dégénéré, tu cèdes sans combattre.

AURÉLIO.

Ce colosse est trop haut pour qu'on puisse l'abattre.

HENRIQUE.

Tu veux donc...

AURÉLIO.

Ce qu'ici chacun veut avec moi;
Rester guelfe et s'il vient, crier : vive le roi!

HENRIQUE.

Retourne, peuple ingrat, lui porter ton suffrage;
Dis-lui d'éterniser son sceptre et ton outrage;
Aux pieds de l'oppresseur, montre-toi désarmé;
Et moi, je vais périr, pour t'avoir trop aimé.
Mais de cet heureux jour pour compléter la fête,
Va de ton défenseur lui présenter la tête;
Epargne à ses bourreaux le soin de m'immoler,
Crois-moi, c'est sous tes mains que mon sang doit
        couler.
Verse-le, sans pudeur, à cette place même,
Où tu viens de m'offrir l'autorité suprême.
Tu rentreras en grâce et je mourrais content,
Heureux de ne pas voir l'opprobre qui t'attend.
Du roi que tu chéris laisse la tyrannie
Couvrir, d'assassinats, le sol de ta patrie.
Ce ne sont pas des lois, c'est du pain qu'il te faut.
Il te verra danser, autour de l'échafaud,
Et, couvrant par tes chants les sanglots des victimes,
Pourvu qu'il te nourrisse, encenser tous ses crimes.
Italie! est-ce là, ton peuple de héros ?
Mânes de nos aïeux, sortez de vos tombeaux;
Fuyez, en rougissant, Naples dégénérée,
Et, sans sentir sa honte, à l'étranger livrée.
Fuyez ce peuple, au joug se courbant, sans frémir,
N'ayant point de passé, n'ayant point d'avenir,
Et, seulement docile aux devoirs de l'esclave,
Allant baiser la main qui l'insulte et le brave.
Vous nous aviez légué l'empire de ces mers;
Vos fils à leurs enfans ne lèguent que des fers.
Vous voulûtes au monde apprendre votre gloire;
Ils seront trop heureux d'échapper à l'histoire.

AURÉLIO.

Indiscret orateur, c'est trop nous outrager.

HENRIQUE.

Vil troupeau d'un tyran, c'est trop vous ménager.

AURÉLIO.

Le roseau doit plier, quand gronde la tempête.

HENRIQUE.

Le peuple est un géant qui peut lever la tête.

AURÉLIO.

Contre nos oppresseurs la haine est un devoir,
Mais pour en triompher que faire?

HENRIQUE.

                  Le vouloir.

AURÉLIO.

La prudence interdit une aussi vaste tâche.

HENRIQUE.

La prudence est souvent le refuge du lâche.

AURÉLIO.

Les Français malgré nous, nous ont donné des lois,
A leurs exploits guerriers qu'opposer?

HENRIQUE.

                  Vos exploits.

Volez! volez vers eux, au danger insensibles,
Et, las d'être vaincus, vous serez invincibles.
Mais si, fuyant la gloire et méprisant ma voix,
Pâles, le front baissé, vous rentrez sous vos toits,
Entendez-vous déjà vos femmes et vos filles,
Dire : dans quel opprobre ils laissent leurs familles!
De débauche ils ont vu leurs maîtres altérés
Nous imposer le joug de leurs feux abhorrés;
Mais, pour rendre à nos lits leur chasteté ravie,
Nos pères, nos époux tiennent trop à la vie.

Ces discours insultans, on ne les tiendra pas.
Nous fûmes outragés, nous serons tous soldats.
Les peuples béniront une aussi sainte guerre :
Triompher des Français, c'est affranchir la terre.
Ne se flattent-ils pas, ces modernes romains,
Que leur joug insolent honore les humains ?
Nés pour vaincre, ou du moins assez vains pour le
          croire,
Pensant que l'univers est le champ de leur gloire,
Ils voudraient que tout peuple, adorant son affront,
Attendît son seul droit d'un signe de leur front.
Trop long-temps, sur ces bords, leur drapeau
          m'importune ;
Sur des sables mouvans s'appuyait leur fortune ;
Que faut-il pour l'abattre ? un unanime effort.
Quand il veut-être libre, un peuple est toujours fort.
D'ailleurs, ils ont perdu leurs premiers avantages ;
Le sommeil du triomphe engourdit leurs courages ;
Leurs cœurs efféminés par de lâches désirs,
Ont d'un instinct plus noble oublié les soupirs.
Ils étaient des héros, ils ne sont que des femmes,
Aujourd'hui que la honte a retrempé nos âmes.

Cher enfant de nos rois, douce fleur du matin
Dont, à peine, le jour entrevit le destin :
Jeune aigle, qui sortant pour essayer tes ailes,
Indifférent hélas ! aux larmes maternelles,
Et d'un vautour féroce ayant blessé l'orgueil,
Sur le seuil de la vie, as trouvé ton cercueil :
Ton peuple te salue ! il est prêt à répandre
Le sang trop attendu qui doit calmer ta cendre.
Il pourra, désormais, l'honorer de ses pleurs,

Sans qu'un œil étranger insulte à ses douleurs.

Prosternons-nous : avant que l'ennemi ne vienne
Que Dieu descende ici ! notre cause est la sienne.
Avant de les souiller, levons-lui nos mains.
Il nous doit la victoire. A genoux, citoyens !

(Le peuple se met à genoux.)

Dieu libre et qui fis l'homme à ton auguste image,
Dont le fils, de la terre, a banni l'esclavage,
Fais marcher, devant nous, l'ange exterminateur,
Qui du peuple sacré fut le libérateur !
Viens aider, d'un regard, ces nouveaux Machabées.
Vois dans quel déshonneur nos villes sont tombées !
A l'opprobre, aux douleurs, dévoués tour à tour,
Sous le ciel le plus beau, nous maudissons le jour.
Nos enfans, au berceau, souffrent déjà l'outrage;
On raille la faiblesse, on proscrit le courage.
Lève-toi, Dieu puissant ! sur l'orgueil des Français
Descends, de ta justice appesantir le faix !
Sur nous, dans le combat, ouvre les yeux d'un père,
Mais, fais pencher sur eux l'urne de ta colère.
Ton bouclier céleste amolira leurs coups ;
Pourront-ils triompher, si tu combats pour nous.

LE PEUPLE.

Aux armes !

HENRIQUE.

Au tyran courons fermer nos portes,
N'attendons dans ces murs ni lui, ni ses cohortes;
Marchons.

SCÈNE III.

LES PRÉCÉDENS, UN HÉRAULT d'armes.

LE HÉRAULT.

Il est trop tard et Charles suit mes pas.
A la hache des lois, vous n'échapperez pas,
Si vos yeux devant lui ne se voilent de larmes.

HENRIQUE.

Allez dire au tyran qu'il nous verra des armes,
Non des pleurs : que ce peuple est trop las d'en verser,
Qu'il a senti sa honte et saura l'effacer.

LE HÉRAULT.

Je vous offre la paix, préférez-vous la guerre?

HENRIQUE.

Serons-nous plus long-temps l'opprobre de la terre?
Que cet aventurier cherche ailleurs des vassaux !
Ceux d'hier, aujourd'hui, sont autant de rivaux.

LE HÉRAULT.

Charles tend une main à son peuple coupable ;
Pensez-vous ébranler son trône inébranlable?
Vain projet ! que de sang il vous aura coûté !

HENRIQUE.

Mais de ce sang fécond naîtra la liberté.

LE HÉRAULT.

Par vous, de ce tribun l'insolence flattée...

HENRIQUE.

Silence ! en m'insultant, Naples est insultée.

LE HÉRAULT.

Je dirai donc au roi...

HENRIQUE.

Qu'il peut se présenter,

Mais qu'un rempart de fer ici doit l'arrêter.

LE HÉRAULT.

Une dernière fois...

HENRIQUE.

Si vous aimez la vie,

Sortez.

UN HOMME DU PEUPLE.

Que par vos coups elle lui soit ravie !

LE PEUPLE.

Oui, qu'il meure !

HENRIQUE.

Qu'il vive ! on immole un soldat.

Cet homme est désarmé.

(Le Hérault se retire.)

SCÈNE IV.

HENRIQUE, GONZALVI, PEUPLE, CONJURÉS, ETC.

LE PEUPLE.

Qu'on nous mène au combat !

HENRIQUE.

Il dépose, à nos pieds, son orgueil si sauvage ;
Il nous offre, à genoux, les fers de l'esclavage,
Ce Dieu, qui de sa foudre accablait les humains
Qui, vers lui, dans leur deuil, osaient lever les mains.
Son trône sur sa base a tremblé. Son étoile,
La nôtre paraissant, s'est couverte d'un voile ;
Et déjà, dans leur sein, les voraces corbeaux
A ses pâles soldats préparent des tombeaux.
Il prie : éloignons-nous du tigre qui caresse,
Car un ongle est caché sous sa feinte tendresse.
La paix que de sa part nous offrent ses hérauts,

N'aurait pas d'autre sceau que le fer des bourreaux.
Soyez sûrs que sa rage, un instant comprimée,
S'il voyait à ses pieds, la foule désarmée,
Serait, comme un torrent qui roule enfin l'écueil,
Qui, de ses flots domptés avait laissé l'orgueil.
S'il faut de notre sang que le sol soit humide,
Non comme des agneaux que le fer intimide,
Mais tels que des lions qui disputent leur mort,
Vendons-le, qu'aux Français il coûte un long effort.
Au coin de vos foyers l'insulte s'est assise,
Et désormais la gloire y sera seule admise.
Partons pour le combat. Nos femmes, nos enfans,
Ne nous reverront plus que morts ou triomplans.

SCÈNE IV.

LES PRÉCÉDENS, CHARLES D'Anjou, LE LÉGAT
du pape, Chevaliers et Soldats de Charles.

CHARLES.

Bas les armes !

GONZALVI.

Marchons.

LE PEUPLE.

Mort à la tyrannie !

HENRIQUE.

Ma puissance commence et la tienne est finie.

LE LÉGAT.

En avant ! Je vous somme et c'est au nom du Christ ;
Au nom du bois funeste où son rang fut proscrit ;
Au nom des droits sacrés du successeur de Pierre,
Devant qui, tout chrétien doit baiser la poussière;
Je vous somme, ou sinon, parlant pour l'éternel,

Je vous exclus du Temple et vous ferme le ciel ;
De quitter à l'instant ce drapeau sacrilége,
De rentrer sous celui que Rome aime et protége.

CHARLES.

Laissez-moi leur parler. N'aurais-je des soldats,
Que pour faire la guerre à mes propres états ?
Ce peuple, tel qu'un dogue insoumis à son maître,
Hurlera la révolte en me voyant paraître.
Il use ma clémence et j'en suis fatigué ;
Il saura qui de nous doit être subjugué.
Naples de son orgueil infecte mon empire ;
Si je cède un instant, le mal deviendra pire ;
Je trancherai de l'arbre un rameau gangrené
Qui bientôt, jusqu'au cœur, l'aurait empoisonné.
Oui, si Naples soudain à mes genoux ne tombe,
Que demain la charrue ait passé sur sa tombe !
Qu'aucun de ses enfans , (ils seront tous proscrits ;)
Ne puisse, pour pleurer, rester sur ses débris !

HENRIQUE.

Sois maître de leurs jours, avant de les proscrire.
Du mépris ta jactance inspire le sourire.
Mais d'ailleurs, ces héros que tu viens insulter,
Sont ici pour te vaincre, et non pour t'écouter.

CHARLES.

Qu'entends-je ?

HENRIQUE.

Un homme libre et ce peuple veut l'être.

CHARLES.

Devant qui me trouvais-je ? O ciel !

HENRIQUE.

Devant ton maître.

CHARLES.

Devant un assassin !

HENRIQUE.
Devant le dictateur !

CHARLES.
Fourbe...

HENRIQUE.
Tu n'es plus roi. Parle-moi sans hauteur.

CHARLES.
Peuple...

HENRIQUE.
C'est à moi seul qu'il daignera répondre !

CHARLES.
Que de calamités sur vos têtes vont fondre !

HENRIQUE.
Vont finir...

CHARLES.
Vil roseau, qui t'es trop abusé,
La tempête s'élève et tu seras brisé.

HENRIQUE.
C'est toi qu'elle menace.

CHARLES *au peuple*.
Abandonnez Henrique,
Criez : vive le roi !

LE PEUPLE.
Vive la république !

CHARLES.
Savez-vous à quel prix vous pouvez l'établir,
insensés ?

HENRIQUE.
C'est du sang qu'il faut pour l'affermir,
Je le sais et le tien va servir de prémices.

CHARLES.
Le mien !

HENRIQUE.

Il est sonné le moment des justices.
En avant compagnons ! mort à nos appresseurs

CHARLES.

France !

HENRIQUE.

Mort au tyran ! mort à ses défenseurs.

(On s'ébranle de part et d'autre et la mêlée commence.)

FIN DU TROISIÈME ACTE.

ACTE QUATRIÈME.

La scéne représente l'intérieur du Palais du roi de Naples.
Henrique y fait son entrée avec le peuple.

SCÈNE I.

HENRIQUE, HORATIO, peuple.

HENRIQUE.

Dieu soit loué! ce Dieu qui nous rendit si grands,
Et marchait invisible en tête de nos rangs.
Quels exploits! que de gloire! ô journée immortelle!
Naples te voilà libre, et tu sors de tutelle.
Ces Français que la peur n'avait jamais atteints,
Qui de toujours nous vaincre avaient l'air si certains,
Ces Français où sont-ils? dans la fange des rues,
En proie à des douleurs partant de honte accrues,

La plupart désormais rend le dernier soupir ;
Le reste sur ces bords cherche à se maintenir ;
Et se flattant encore d'un rayon d'espérance,
Attendant du secours de Rome ou de la France,
Charles d'un château fort occupant les remparts,
Fait flotter aux créneaux ses lambeaux d'étendards.
Qu'il reste dans ce fort, bloqué par nos cohortes,
Et la faim, avant peu, m'en ouvrira les portes.
Je veux que de ces lieux qu'il croit reconquérir,
Il demande, à genoux, la faveur de sortir.

HORATIO.

Il ne l'obtiendra pas.

HENRIQUE.

L'accorder est plus sage,
De la victoire, amis, faisons un noble usage.
Frapper un ennemi, quand il vient se livrer,
Ce n'est point s'en servir, c'est la déshonorer.
Je vous ai dit : malheur à celui qu'on peut vaincre !
Non : malheur au vaincu.

HORATIO.

Vous voulez me convaincre.....

HENRIQUE.

Qu'il est beau d'être humain, lorsque l'on est heureux.
Le triomphe du peuple est toujours généreux.
Je n'aurais point souffert qu'on égorgeât des femmes,
Ni qu'on leur fit subir des attaques infâmes.
Il n'a coulé de sang que celui des soldats ;
Celui-là, mes amis, du moins ne tâche pas.
Soyons donc, jusqu'au bout, à nous-mêmes fidèles ;
Que tout peuple opprimé nous prenne pour modèles !
Rugissant sous les fers qui lui sont imposés,
Mais doux, comme un agneau, quand il les a brisés.

HORATIO.

Dictateur, vos vertus rassurent la Sicile,
Elle met son orgueil à vous être docile.
Je vais vous dire ici ce que pense chacun :
Nous n'avons plus de roi , l'on sait qu'il en faut un;
Vous méritez de l'être et qu'importe si Rome
Refuse d'applaudir au choix d'un si grand homme.

LES ASSISTANS.

Vive le roi !

HORATIO.

Daignez sourire à nos projets
Nous serons à la fois vos fils et vos sujets.

HRNRIQUE.

Méprisant cet éclat dont un roi s'environne ,
Et n'ayant sur mon front, qu'un laurier pour couronne,
Je vous gouvernerai , sans vous donner des fers.
J'exposerais ma gloire à de prochains revers,
Si des sauveurs du peuple imitant les usages,
En place d'amitié, j'exigeais des hommages.
Non , non. que mon orgueil soit plus noble et plus pur ,
Moins je m'élèverai, plus mon pouvoir est sûr.

LES ASSISTANS.

Vive le Roi !

HENRIQUE

Cessez ce cri qui m'injurie ;
Ne criez aujourd'hui que: vive la patrie !
Que feriez-vous penser? que de ma nation
Je n'ai brisé le joug, que par ambition ;
Qu'en renversant un roi dont Naples était lasse ,
Je n'avais d'autre but, que de prendre sa place.
Je ne veux pas, amis, rougir de mon bonheur ;
Gardez la liberté , moi je garde l'honneur.

HORATIO.

Ce trône , objet bientôt d'une espérance avide ,
Si vous le repoussez, ne restera pas vide.

HENRIQUE.

Quand la Sicile entière aura donné sa voix,
Quand je serai l'objet d'un unanime choix,
Je verrai. Jusque-là vous n'aurez point de maître ;
On me dit vertueux ; je cesserais de l'être,
Si j'acceptais le sceptre, au lieu d'y concourir,
Car, vous n'avez pas seuls le droit de me l'offrir.

HORATIO.

Régnez de fait , le nom ne nous importe guère.
Nous sommes tout à vous ; faites la paix, la guerre,
Plein respect aux décrets dont vous serez l'auteur!
Si vous n'êtes pas roi : vive le dictateur !

HENRIQUE (*attendri.*)

O mes amis !

SCÈNE II.

LES PRÉCÉDENS, UN HUISSIER.

L'HUISSIER.

Brissac vous demande audience.
Charles , dans sa fortune a perdu confiance,
Seigneur ; son envoyé, plus humble qu'autrefois,
Du vainqueur, en tremblant, semble attendre les lois.

HENRIQUE.

Qu'il entre ! un ennemi qui dépose les armes
Peut de nous désormais approcher sans alarmes,
Dites-le lui.

(L'huissier se retire.)

SCÈNE III.

HENRIQUE, PEUPLE.

HENRIQUE.

Pour vous, rejoignez vos amis
Qu'à la garde du fort, mes ordres ont commis.
Laissez-nous seuls ensemble, et quoique je décide,
L'intérêt de l'état, l'honneur sera mon guide.

SCÈNE IV.

HENRIQUE, BRISSAC.

HENRIQUE.

Enfin, de sa valeur Charles n'attend plus rien.
J'ai perdu mon orgueil, en abaissant le sien.
Honorant mes succès, j'ai pu, sans me contraindre,
Cesser de le haïr, en cessant de le craindre.
Quand il fut sur le trône, il méritait la mort ;
Trahi par la fortune, il n'a plus aucun tort.
Daignant, sans le blesser, finir toute discorde,
Ce n'est point un pardon, c'est la paix que j'accorde.

BRISSAC.

La paix ! et d'un rebelle, enflé de son bonheur ;
Nous acceptons la mort, mais non le déshonneur.

HENRIQUE.

Est-ce pour m'insulter que Charles vous envoie,
Brissac ?

BRISSAC.

A mes genoux, c'est pour que je vous voie.

HENRIQUE.

C'est à ceux du vainqueur que tombe le vaincu.
Je n'ai qu'à faire un signe et vous aurez vécu.

BRISSAC.

Pourquoi m'en avertir? vous avez fait vos preuves,
Dans l'art d'assassiner vos mains ne sont pas neuves.

HENRIQUE.

Quel homme à son courroux daigne s'abandonner,
Contre un insecte vil qu'il entend bourdonner !

BRISSAC.

Ah ! ce dernier outrage.....

HENRIQUE.

                    Est le paiement des vôtres
Que la leçon vous serve et n'en cherchez plus d'autres.

BRISSAC.

Certain d'être vengé....

HENRIQUE

                    Mon temps n'est pas à moi ,
Il est à mon pays. Que me veut votre roi?
Le pain doit lui manquer ; on lui fera l'aumone.

BRISSAC.

Il attend votre tête et réclame son trône.

HENRIQUE.

Misérable !

BRISSAC.

            Il attent que de ses ennemis ,
Vous fassiez des sujets repentans et soumis.
Il attend que ce peuple, abjurant son complice,
Entoure l'échafaud, pour voir votre supplice.

HENRIQUE.

Trop sûr de mon mépris, vous pouvez tout oser ,
Ce n'est point un roseau que ma main doit briser,

Mais ce chêne orgueilleux, qui lassant la tempête .
Quand elle l'a dompté, lève encore la tête.

BRISSAC.

Vous nous offrez du pain. Ah ! pour l'assaisonner ,
Il nous faut votre sang et vous l'allez donner.

HENRIQUE.

Mais cet excès d'audace est l'excès du délire.

BRISSAC.

Voilà ce que par moi votre roi vous fait dire.

HENRIQUE.

Répondez que je reste où je me suis placé.

BRISSAC.

Est-ce tout ?

HENRIQUE.

Ajoutez que je vous ai chassé.

BRISSAC.

Chassé ! tribun superbe , apprends à nous connaître.

(Il va ouvrir une des fenêtres de côté.)

HENRIQUE.

Qui vous donne le droit d'ouvrir cette fenêtre ?

BRISSAC.

Ce palais est au roi, j'y suis maître en son nom.

HENRIQUE.

(Allant à la fenêtre et désigne la forteresse où est le roi.)

Le voilà son palais, ou plutôt sa prison.

BRISSAC.

Très bien , lève les yeux.

HENRIQUE.

Pourquoi?

BRISSAC.

Plus haut encore ,
Et jusqu'à ce sommet, qu'un échafaud décore.

8.

HENRIQUE.

Charles n'abjure point ses barbares plaisirs,
Il faut toujours du sang, pour charmer ses loisirs.

BRISSAC.

Tu vois bien les bourreaux, mais vois-tu la victime?

HENRIQUE.

Une femme!

BRISSAC.

Ta fille.

HENRIQUE.

Impossible.

BRISSAC.

J'estime,
Que son sang vaut le tien, c'est à toi de changer.

HENRIQUE.

Ma fille!

BRISSAC.

L'aimes-tu? nous allons en juger.

HENRIQUE.

Je n'ose regarder, tant je crains mes alarmes.
Regarder! que verrais-je au travers de mes larmes?

BRISSAC.

Elle te reconnait et nous tendant les mains,
Elle semble accuser tes retards inhumains.

HENRIQUE.

De quels flancs sortez vous? vous n'êtes pas des hommes.

BRISSAC.

Tes juges, et tes rois. Voilà ce que nous sommes.

HENRIQUE.

Sais-tu qu'en remplissant ta noire mission,
Tu braves de bien près la griffe du lion?
Le sais-tu?

BRISSAC.

Je le sais.

HENRIQUE.

Que si la hache tombe,
Tu marches à présent sur le bord de la tombe.
Le sais-tu !

BRISSAC.

Frappe.

HENRIQUE.

Avant qu'il ne rentre au fourreau,
Ce glaive sera teint du sang de son bourreau.
Tu me montres ces murs, j'y porte l'incendie,
Et ma main par ce meurtre, aux meurtres enhardie,
Punira, sans trembler de remords ni d'effroi,
Dans chacun des Français, votre exécrable roi.

BRISSAC.

Ils mourront, mais vengés. Aucun d'eux ne veut vivre,
Pour servir de trophée au succès qui t'enivre.
Toi, jusqu'à la couronne ose lever ta main;
Marche au trône. Un obstacle en barre le chemin,
C'est le corps de ta fille. A nous emparer d'elle,
Nous mîmes, tu le vois, le plus habile zèle.
Nous la tenons; son heure est bien près de sonner,
On n'attend plus qu'un signe et je vais le donner.

HENRIQUE.

Arrête.

BRISSAC.

Consens-tu que l'échange se fasse?

HENRIQUE.

Tu crains donc donc peu la mort?

BRISSAC.

Je sais la voir en face.
Jamais, en menaçant on ne m'a fait plier.

HENRIQUE.

Je ne menace plus et je veux te prier.

BRISSAC.

J'aurais plaint ton malheur; car il est effroyable.
L'affront que tu m'as fait me rend impitoyable.

HENRIQUE.

Brissac, songe à ton père, à son mortel chagrin,
S'il voyait le couteau s'approcher de ton sein.
Il ne t'aime pas plus que je n'aime ma fille,
Et prêt à la frapper, à mes yeux le fer brille.
Hélas! de deux amours qui luttent dans mon cœur,
Tu ne dois pas douter quel sera le vainqueur.
Ma fille périra, plutôt que ma patrie.
Ah! par son salut même elle serait flétrie.
En rappelant un pacte indigne de pardon,
Il serait son opprobre et celui de mon nom.
Brissac, à ta pitié cesse d'être rebelle,
Daigne sauver ma fille; elle est jeune; elle est belle;
Son cœur d'un tel bienfait peut te payer un jour,
Et sa reconnaissance aller jusqu'à l'amour.
Flattant mieux ton orgueil, la mienne joindra même,
A l'offre de sa main, celle d'un diadème.
Ne crains pas que ce peuple élève un cri d'effroi,
En devenant mon fils, tu peux être son roi.
C'est Charles, qui vaincu, sans changer de maximes,
En rentrant dans ses droits, rentrerait dans ses crimes,
C'est Charles qu'il proscrit. Ton acte généreux
D'un règne de vertus serait l'augure heureux.
Ecoute un suppliant, Brissac, qui par son âge,
Par son espoir en toi, de ton père est l'image,
Et qui de sa fierté réprimant le courroux,
Attendra ta réponse, en baisant tes genoux.

BRISSAC.

Malheureux père! En vain je veux être insensible :

HENRIQUE.

Je triomphe?

BRISSAC.

Hélas non ! Charles est infléxible.
Quand il tient la vengeance, il ne la lâche pas.
Et sans vous , votre fille est sûre du trépas.

HENRIQUE.

Ciel !...,.

BRISSAC.

Feignez que voyant la victoire affermie,
Charles va s'exiler d'une terre ennemie,
Mais veut de tout affront sauver ses étendards.
Chassez la foule armée aux pieds de ces remparts ;
Que, sans que le combat enfin se renouvelle,
Il sorte librement de cette citadelle,
Et que dans ses foyers ce peuple retiré,
Pense que des Français le sol est délivré;
Mais qu'aussi leur fierté , survit à leur fortune ,
Qu'il faut que nul regard, nul cri ne l'importune ,
Sinon qu'ils resteraient , et que leur désespoir
Aurait des fruits sanglans. Voilà votre devoir ,
Peut-être votre vie...

HENRIQUE.

Et qui vous parle d'elle?
Je ne vois que ce peuple à ma cause fidèle,
Ces amis dévoués !

BRISSAC.

Nous ignorons leurs coups,
Il n'est aux yeux du roi , qu'un coupable, et c'est
vous.

HENRIQUE.

J'écoute ma patrie et mon sang doit se taire.
Je serai citoyen et cesse d'être père.

BRISSAC.

Trop tard de la victime est décidé le sort,
Ces horribles lenteurs multipliaient sa mort.

(Il se rapproche de la fenêtre.)

HENRIQUE.

O ma fille ! c'est moi qui te coûte la vie.

BRISSAC.

Mais du jour à ses yeux la lumière est ravie,
Et sa main tâtonnant, près du billot fatal...
Ah ! qui vous ordonnait un geste si brutal,
Vils bourreaux ?

HENRIQUE.

O ma fille ! ô jour épouvantable !

BRISSAC.

Du cri qu'elle a jeté , de ce cri lamentable
Mon cœur est déchiré.

HENRIQUE.

Malheur à moi , malheur !

BRISSAC.

Oui malheur ! ô tableau d'éternelle douleur !
On a saisi la hache. Elle est déjà levée ;
Et ta fille est perdue.

HENRIQUE.

Et ma fille est sauvée.

Fais ton signe.

BRISSAC.

Il est fait.

HENRIQUE.

Se sont-ils arrêté ?

BRISSAC.

A l'instant.

HENRIQUE.

Ah ! quel prix ma fille m'a coûté.

SCÈNE V.

BRISSAC.

Charles, sans sourciller, sans que son front pâlisse,
Eut fait de la victime achever le supplice;
Il ne sait pas faiblir et ne s'émeut sur rien.
Mon cœur n'est point encore à la hauteur du sien.
Mon courroux, par degrés, est devenu timide,
Même de pleurs naissantes, mon visage est humide.
J'ai plaint ce malheureux que je venais braver.
Jusqu'à quel point le sort se plait à l'éprouver !
De quel faîte il le jette ! Un tel homme est bien rare,
Et d'esprits aussi hauts, la nature est avare.
Devant lui, par momens, je me sentais petit.
Mais sur son trône enfin Charles se rétablit.
Ce peuple qu'on a vu, sur la place publique,
En peuple de héros, transformé par Henrique,
Contre nous dès qu'Henrique a cessé de lutter,
N'est plus qu'un corps sans tête et ne peut résister.
Rallier cette foule une fois dispersée,
Et peut-être en secret de ses exploits lassée !
Non, non, je suis certain qu'aucun ne l'essaiera.
Henrique s'est livré ; mais il réfléchira.
Trop heureux qu'un instant sa raison soit absente.
Profitons de sa faute, avant qu'il ne la sente.
Mais le voici.

SCÈNE VI.

HENRIQUE, GONZALVI, BRISSAC.

HENRIQUE.
Le peuple a baissé ses drapeaux.
Il est las de la guerre, a besoin de repos.
Que Charles d'Anjou parte, et qu'il parte de suite,
On ne restera pas pour outrager sa fuite.
Allez. Mais allez donc.

SCÈNE VII.

HENRIQUE, GONZALVI.

GONZALVI.
Tu leur donnes la paix,
Et sans nous consulter.
HENRIQUE.
Je sais ce que je fais.
GONZALVI.
Dois-je dans mon égal souffrir le ton d'un maître?
Crains de monter trop haut, tu descendrais peut-être.
HENRIQUE.
Suis-je ou non dictateur?
GONZALVI
Tu l'es pour nous venger,
Pour punir les Français, non pour les protéger.
HENRIQUE.
Ne sont-ils pas punis?
GONZALVI.
Pas assez, puisqu'ils vivent.

HENRIQUE.
La fortune est changeante et des revers la suivent.
GONZALVI.
Tu fixes la fortune et sais lui commander ;
A leurs prétentions ce qui t'a fait céder ,
C'est qu'ils tenaient ta fille.
HENRIQUE.
     Ils l'auraient immolée.
GONZALVI.
Et pour elle, à tes pieds, notre cause est foulée !
Sais-tu ce que Brutus a fait pour son pays ?
HENRIQUE.
Il était mauvais père et n'aimait pas ses fils.
GONZALVI.
Il sentait quels devoirs un peuple nous impose ,
Quand sur nous de ses droits le destin se repose.
HENRIQUE.
Tu laisserais ta fille expirer à tes yeux ?
GONZALVI.
Pour un pareil motif ! j'en serais glorieux.
HENRIQUE.
C'est ce qu'ils diront tous.
GONZALVI.
     Tu manques à ta gloire.
De toi quelle peinture aurait tracé l'histoire !
Mais ce lâche égoïsme est une ombre au tableau.
HENRIQUE.
Déshonorer un nom qu'elle eut rendu si beau !
Dictature fatale et source de ma perte !
GONZALVI.
Combien je me repents de te l'avoir offerte !

HENRIQUE.

Je l'avais méritée.

GONZALVI.

On devait le penser.

HENRIQUE.

Mais je n'en suis plus digne.

GONZALVI.

Il faut y renoncer.

HENRIQUE.

Daigne épargner ma honte.

GONZALVI.

Il pleure !

HENRIQUE.

Si ces larmes.

Pouvaient faire en ton cœur passer d'autres alarmes !

GONZALVI

D'une juste vengeance en privant ton pays,
C'est déjà... Malheureux, nous aurais tu trahis?

HENRIQUE.

Tu crois...

GONZALVI.

Ce que je crains.

HENRIQUE.

Moi! je serais capable...

GONZALVI.

On ne se trouble pas, quand on est pas coupable.

HENRIQUE.

Me troubler ! je suis calme, et certes... Quelle horreur!
Que n'ont-ils sur mon sang assouvi leur fureur !

GONZALVI.

Qu'as-tu fait?

HENRIQUE.

Ah! quittez vos vêtemens de fête.

GONZALVI.

Qu'as-tu fait ?

HENRIQUE.

J'ai bien droit de leur donner ma tête.

GONZALVI.

Ta tête !

HENRIQUE.

Tu peux fuir. Evite leur abord.

GONZALVI.

Si j'avais un poignard, tu serais déjà mort.

HENRIQUE.

Prends ce glaive.

GONZALVI.

Perfide, il faut mieux que tu vives.
Avant que l'esclavage ait rentré sur ces rives,
Fais un dernier effort.

HENRIQUE.

Nos soldats dispersés.....

GONZALVI.

A leur poste bientôt se seront replacés.
Suis-moi.

HENRIQUE.

Je te précède, et c'est à la victoire.
Oui, de ma trahison je fais naître ma gloire.
Que mes derniers exploits surpassent les premiers !
Marchons.

SCÈNE VIII.

HENRIQUE, GONZALVI, BRISSAC, Gardes.

BRISSAC.

Il est trop tard, vous êtes prisonniers.

GONZALVI.

Qu'entends-je ?

BRISSAC *à Henrique.*

Au nom du roi rendez-nous votre épée.

GONZALVI.

C'est moi, qui de son sang vais la rendre trempée.

BRISSAC *montrant Gonzalvi.*

Gardes ! qu'on le saisisse.

GONZALVI.

Arbitre de mon sort,
Soyez assez humain, pour me donner la mort.

BRISSAC.

Je n'en ai pas le droit

GONZALVI.

Tu reprends tes misères,
O Naples ! et ta proie échappe de tes serres.

A Henrique.

Je t'aimais ; je t'abhorre, et j'attache à ton nom
De nos derniers neveux la malédiction.
Ah ! pour moi ta présence est une injure amère,
Enfant dénaturé, qui vends ta propre mère.

BRISSAC.

Qu'on l'emmène !

SCÈNE IX.

BRISSAC, HENRIQUE, Gardes.

BRISSAC *aux gardes.*

Epargnez un auguste malheur.

Même en la punissant, honorons sa valeur ;
Que ces mains dont les coups nous inspiraient la crainte,
De liens flétrissans ne portent point l'empreinte !

SCÈNE X.

HENRIQUE, BRISSAC, VIRGINIE.

BRISSAC.

Mais voici votre fille.

VIRGINIE.
(S'élançaut dans les bras de son père).
Ah !.....

HENRIQUE.

Quel froid je ressens !
Presqu'aussi faible qu'elle, il semble que mes sens...
Si je viens de souffrir avec tant de courage,
Je dois pour être heureux, en avoir davantage

VIRGINIE.

Où suis-je ?

HENRIQUE.

Dans mes bras. Trop précieux trésor,
J'ai tout sacrifié pour t'y presser encor.

VIRGINIE.

Laissez-moi.

HENRIQUE.

Pourquoi donc repousser mes caresses ?
Mais non, par ta douleur, combien tu m'intéresse !
Tu pleures sur mon sort ! j'ai pleuré sur le tien,
Et ces larmes au peuple ont ravi son soutien,
Hélas !

VIRGINIE.

Qu'avez vous fait ?

9.

HENRIQUE.

J'ai trahi ma patrie ;
Ne me reproche point , ô ma fille chérie,
Mon crime et mon amour. Tourne les yeux sur moi,
j'ai besoin d'être plaint, et je compte sur toi.

VIRGINIE

Je le répète encor. Qu'avez-vous fait ?

HENRIQUE.

Journée,
Que s'il nous eût aimés, le ciel eût détournée !
Où j'ai connu l'opprobre inconnu soixante ans !
La gloire qui naguère a ceint mes cheveux blancs
Les quitte, et le tombeau (trop heureux d'y descendre!)
A l'abri du mépris, ne mettra point ma cendre !

VIRGINIE.

Et pour qui, perdez-vous et le jour et l'honneur?
Pour une fille...

HENRIQUE.

A qui j'ai dû le seul bonheur ,
Que la mort de mon fils m'ait laissé sur la terre ;
Qui vainquit les chagrins qui me faisaient la guerre ;
Etre adoré, pour toi, ma vie et mon orgueil.

VIRGINIE.

Votre orgueil !

HENRIQUE.

Tu viendras pleurer sur mon cercueil.
A ce corps de poussière, il survit quelque chose,
Notre âme. Fais qu'enfin la mienne se repose,
Ma fille, et que je doive à l'encens de tes pleurs,
De ne pas te quitter, pour changer de douleurs.

VIRGINIE.

Vous ne péririez pas si Dieu m'eût exaucée !

Il eût de votre cœur écarté la pensée
De vous livrer pour moi.

HENRIQUE.

Que tu devais souffrir !
Cent fois tu te voyais sur le point de mourir !
Hélas ! quel fut l'état de ton malheureux père !
Quelle douleur enfin ne lui serait légère,
Quand il a...

SCÈNE XI.

Les précédens, MONTALVI.

MONTALVI.

C'est assez. Charles du château fort
Est sorti, mais sa barque est encore loin du port
Brissac. Les révoltés lui donnent des alarmes.
Ils peuvent se rejoindre, et reparaître en armes.
Mettez votre captif en lieu de sûreté,
Jusqu'à ce que par nous son sort soit arrêté.
Allez.

BRISSAC.

Me suivez-vous ?

VIRGINIE.

Non , je veux qu'il m'écoute.

MONTALVI.

Vous voulez...

VIRGINIE.

Oui, je veux.

HENRIQUE.

Je l'entends et je doute.
Toi, parler à cet homme !

VIRGINIE.

Ah? daignez...

HENRIQUE.

Suis mes pas.

MONTALVI.

Restez.

HENRIQUE.

Non...

MONTALVI.

Qu'on l'emmène! il n'en finirait pas.

SCÈNE XII.

VIRGINIE, MONTALVI.

MONTALVI.

Hé bien, nous voilà seuls. Mais surtout, pas de larmes:
Si celles de ton père ont pour moi bien des charmes,
Je hais les tiennes. Parle, et parle sans aigreur,
On se repent des mots qu'a dictés la fureur.

VIRGINIE.

Prends le ton de l'orgueil, non celui de l'excuse;
Intimide ton juge, avant qu'il ne t'accuse;
Préviens par ton sarcasme et ton rire insultant,
Les imprécations que tu mérites tant,
Homme affreux!

MONTALVI.

J'attendais une scène pareille.
De patience armé, je te prête l'oreille.
Soulage donc ton cœur. Je suis muet.

VIRGINIE.

Grand Dieu!

J'ai dit à l'espérance un éternel adieu.

MONTALVI.

Qu'espérais-tu ? porter le remords dans mon âme !
Ce sentiment vulgaire est fait pour une femme,
Pour un enfant. Mais moi, je me ris des erreurs
Qui font naître en ton sein de pieuses terreurs.
Des remords ! si j'en ai, c'est quand je manque un
       crime,
Qui peut consolider le seul bien que j'estime.
Mon crédit...

VIRGINIE.

     Ton crédit ! tu l'expieras demain,
Charles, j'en ai l'espoir, brisera dans sa main,
Le superbe instrument, qu'il flatte et qu'il élève,
Et ton bonheur infâme est aussi vain qu'un rêve.

MONTALVI.

Tu le crois.

VIRGINIE.

     De ton crime il se sert aujourd'hui,
A l'air de l'applaudir, tant qu'il est son appui,
Mais, au fond de son cœur, ce crime le révolte,
Et sa haine est déjà l'un des fruits qu'il récolte;
L'autre sera ta mort.

MONTALVI.

Allons donc !

VIRGINIE.

       Qu'as-tu fait?
Et quel homme ici-bas conçut un tel forfait !
Quoi ! je t'ai vu, suivi d'une horde farouche,
Me saisir et me mettre un bandeau sur la bouche !
Dans cette citadelle, où Charles s'installa,
On me conduit, en vain me débattant... et là,

Moi ta femme, grand Dieu ! sous la hache entraînée'
Sous tes yeux, par ton ordre, au billot enchaînée !
Présentée à mon père...

MONTALVI.

Ah ! n'accuse que lui :
N'accuse que l'éclat dont son étoile a lui.
Pourquoi lui donnions-nous des alarmes si vives?
C'est qu'il livrait sa tête, en voulant que tu vives.
Sinon, de son triomphe il eût maudit le ciel :
Nous en changions l'ivresse en un deuil éternel.
Je résume en deux mots, ma logique savante:
Morte, tu nous vengeais, tu nous sauvais, vivante.

VIRGINIE.

Ecoute, je suis femme et je sais pardonner.
Je te dois des malheurs que tu peux détourner.
Dans le cœur de tout homme, il reste quelque germe
De ces beaux sentimens, que le ciel y renferme,
En nous créant. Renonce à ton inimitié.
Hélas ! des lions même ont connu la pitié,
Et toi, qui fus nourri sur le sein d'une femme,
Sa voix n'est qu'un vain son, qui traverse ton âme
Sans y trouver d'écho. Je te hais, Montalvi,
Mais l'espoir de t'aimer me sera-t-il ravi ?
J'ai plié, malgré moi, sous le joug de la haine,
Mais que ne puis-je encore sourire à notre chaîne !

MONTALVI.

Vers ce but, dès long-temps, je te voyais venir ;
Mais ton père est coupable, et Charles doit punir.
Charles, qui sur son front, sent trembler sa couronne
Doit préférer aux tiens les intérêts du trône.

VIRGINIE.

A la raison d'état qui demande du sang,

Toi de l'humanité sache opposer l'accent.
C'est moi, si dans ce jour, la victime succombe,
Que l'on accusera d'avoir creusé sa tombe.
Partout où désormais je ferais voir mon front,
Du mépris des mortels je subirais l'affront;
Je craindrais la clarté, je craindrais les ténèbres ;
Des spectres s'élançant de leurs couches funèbres;
Si mes yeux fatigués se laissaient assoupir ,
Me diraient en fureur : tu ne dois pas dormir.

MONTALVI.

Finissons; mon crédit, quelque grand qu'on l'estime,
Ne peut forcer les lois à lâcher leur victime ;
Quand sur nous le malheur empreint ses doigts de fer,
Quand la mort doit glacer un cœur qui nous est cher,
Il faut voiler sa face et pleurer en silence.
D'Henrique la justice, en sa froide balance ,
A pesé tous les torts son inflexible voix
Dit que de la clémence ils emportent le poids.

VIRGINIE.

Ose la contredire et parler plus haut qu'elle.
Qu'il ne soit plus besoin que ma voix te rappelle,
Que ma honte entre vous forme un sacré lien,
Et que s'il est mon père, il est aussi le tien.

MONTALVI.

Le mien ! et de mon sang il se montrait avide !
Et de pitié pour moi tout son cœur était vide !
Grâce à lui, de mon front effaçant la rougeur ,
J'ai souvent mendié le pain du voyageur.
Traqué, pendant le jour, comme un lion farouche,
La nuit, la terre humide était ma seule couche.
Non, il n'est pas mon père.

VIRGINIE.

Approche et sur ce sein,
Pour te prouver qu'il l'est, viens appuyer ta main.
Les traits, dont tu perças le cœur de ton épouse,
De garder son secret l'ont dû rendre jalouse.
Mais ce secret enfin, je te l'ai dévoilé.
Oui, ton titre de fils, dans mon flanc est scellé.

MONTALVI.

Virginie!... Est-il vrai?... Tu peux devenir mère !

VIRGINIE.

Pour moi cette pensée est douloureuse, amère ;
Et ce qui pour mon sexe est un titre d'orgueil
Hélas ! est pour moi seule une cause de deuil.
Ce fruit, dont par le ciel ma couche fut punie,
Est un remords vivant de mon ignominie.
Je mettrai donc un jour un être infortuné,
Dès le sein de sa mère aux larmes condamné ,
Pour qui Dieu n'aura point un sourire prospère ,
Qui portera le nom du bourreau de mon père.

MONTALVI.

Qu'as-tu dit? mais Henrique.. ô trop flatteuse erreur!
Non jamais... il me hait avec tant de fureur ,
Mais à si juste titre... Ah! je ne puis...

VIRGINIE.

La haine,
Dans un si noble cœur par un bienfait s'enchaine.
Renverse l'échafaud que tu fis préparer;
A ses yeux, comme aux miens, daigne enfin te montrer
Digne d'être son fils en lui sauvant la vie:
Il oubliera bientôt que tu l'as poursuivie;
Et moi, te reservant un prix encore plus doux,
Je mettrai mon orgueil à chérir mon époux.

Crois-moi, cet acte seul peut laver bien des taches,
D'une ère de forfaits par lui tu te détaches.
Du crime quitte enfin les sentiers tortueux,
Il n'est jamais trop tard, pour être vertueux.

MONTALVI.

Est-ce une illusion qu'il faut que je repousse !
Cette voix... pourquoi donc la trouvais-je si douce?
Moi ! Montalvi!... non, non; dans ce cœur épuisé
Nul amour ne peut naître. Il serait méprisé
Si... je ne conçois rien à l'état de mon âme.

VIRGINIE.

Il est l'indice heureux d'une nouvelle flamme
Qui me plaît, que j'accueille, et paierai de retour.
Ah ! voici pour nous deux l'aurore d'un beau jour.
Ma colère fut longue, un mot l'a désarmée;
Aime-moi désormais comme tu m'as aimée.
Tu le sais : autrefois....

MONTALVI.

        Je recherchais ces yeux
Si caressans, si purs. Ces honneurs et ces jeux
Qu'enchaînait sur mes pas une amitié puissante,
Je les quittais pour toi. Je te parlais absente.
Te revoyant la nuit, dans mon heureux sommeil,
Souvent, j'aurais voulu retarder le réveil.

VIRGINIE.

Amour qui doit renaître et bien plus doux encore !
Il me déshonorait, désormais il m'honore.
Le salut de mon père est celui de nos feux ;
Nous pourrons, sans remords, les avouer, tous deux.
Ne tarde plus ; va donc hâter sa délivrance,
A force d'espérer, on quitte l'espérance.

MONTALVI.

Je ne me connais plus ; je trouve dans mon cœur
Un mélange confus de plaisir, de fureur.
Honteux d'avoir naguère outragé tant de charmes,
D'avoir fait de tes yeux couler des flots de larmes,
J'abhorre la lumière et voudrais que ta main
Daignât, pour me punir, se plonger dans mon sein ;
Tu parles ; de ta voix le doux son me rassure ;
Je sens de mes remords s'exhaler le murmure.
Virginie, au courroux que j'ai trop mérité,
Qu'excita mon orgueil, ma lâche cruauté,
Ne livre pas ton âme et sois toujours un ange :
Pardonne, c'est ainsi que la vertu se venge.

VIRGINIE.

Depuis long-temps, mon cœur brûlait de l'accorder
Ce pardon, mais celui que tu dois demander,
C'est...

MONTALVI.

Il n'est nul besoin que ta douleur m'explique
Que celle que j'adore est la fille d'Henrique.

VIRGINIE.

Va donc aux pieds du roi; sois ferme en l'attaquant.
Tu pouvais ignorer qu'un fils est éloquent ;
Désormais.....

MONTALVI.

Du passé j'attendrai pour salaire
Qu'il renonce à ce sang qu'a marqué sa colère.
Viens, s'il veut envoyer ton père à l'échafaud
Va, loin de le souffrir, j'y monterai plutôt.

FIN DU QUATRIÈME ACTE.

ACTE CINQUIÈME.

La scène représente l'intérieur d'une prison. Henrique est assis, le coude appuyé sur une table, et parait réfléchir profondément ; il lève la tête en entendant entrer le geôlier.

SCENE I.

HENRIQUE, LORENZO.

HENRIQUE.

L'éternité s'avance et le temps m'abandonne.
Il faut verser des pleurs, avant que Dieu pardonne.
Quel profane interrompt ce solennel moment,
Et trouble de mon cœur le saint recueillement ?

LORENZO.

Le geôlier.

HENRIQUE.

A la mort faut-il marcher de suite ?

LORENZO.

Quand le sable d'une heure aura marqué la fuite.

HENRIQUE.

Je trouve à votre voix l'accent de la douleur.

LORENZO.

On ne me vit jamais insulter au malheur,
Et Lorenzo, seigneur, c'est ainsi qu'on me nomme,

En devenant geôlier, n'a point cessé d'être homme.

HENRIQUE.

Ayez de la pitié; mais ne la montrez pas.

LORENZO.

Sans doute, elle humilie, arrivant d'aussi bas.

HENRIQUE.

Non, ce n'est point l'orgueil qui refuse vos larmes.
Mais pourquoi, sur mon sort, appeler mes alarmes?
Que d'elles, avant tout, ce peuple soit l'objet
Qui s'étant levé roi, se couchera sujet.

LORENZO.

Comme un feu qui s'éteint, il n'a plus d'énergie;
On voit que de vous seul sa gloire était surgie;
Il est morne, il se cache. Et pourtant jusqu'ici
Charles par l'infortune a l'air d'être adouci.
Sans nulles cruautés son règne recommence;
Il fait, sur tous les murs, inscrire sa clémence.

HENRIQUE.

Il recueillit la haine, en semant la terreur,
Et, pour dompter le peuple, il dompte sa fureur.
A régner par les lois à moins qu'il ne s'applique,
Naples, en peu de temps, peut voir un autre Henrique.

LORENZO.

Qu'il serait grand, seigneur, s'il vous eût pardonné!

HENRIQUE.

Libre aujourd'hui, demain, je l'aurais détrôné.

LORENZO.

Je ne suis plus surpris qu'aux bourreaux il vous livre,
Et qui le fait trembler n'a pas long-temps à vivre.

HENRIQUE.

Vous devez le savoir; la peur des trahisons

Vingt fois, depuis son règne, a peuplé ces prisons.

LORENZO.

Sans contredit.

HENRIQUE.

C'est trop parler de ma disgrâce.
Il est un souvenir que ce lieu me retrace....

LORENZO.

Lequel ?

HENRIQUE.

Sur un fameux, mais triste évènement,
Vous pouvez me donner quelqu'éclaircissement.

LORENZO.

Moi, seigneur !

HENRIQUE.

Dites-moi par quelle circonstance
Montalvi , que frappait ma trop juste sentence ,
Put échapper.....

LORENZO.

Je sais que vous ne l'aimez pas.
Seigneur.

HENRIQUE.

Qui l'a sauvé des portes du trépas?

LORENZO.

Il a dû m'inspirer une pitié bien tendre ;
Même à celle d'autrui, pour lui, j'aime à prétendre.
Son père !... chaque fois qu'on me l'a rappelé,
Des yeux d'un vieux soldat des larmes ont coulé.
Il fut mon général ; sa tente fut la mienne,
Et sa main a serré cette main plébéienne.

HENRIQUE.

Son fils à votre garde avait été commis.
Vous n'êtes pas geôlier pour sauver vos amis.

10.

LORENZO.

Je l'avoue : et d'abord, ami trop inutile,
Je n'eus, pour Montalvi, qu'une pitié stérile.

HENRIQUE.

Mais ces fers dont ici répondait votre foi,
Ces fers trop mérités, qui les a brisés ?

LORENZO.

                            Moi.
Chacun de ma conduite accueillera l'excuse.

HENRIQUE.

Non, non.

LORENZO.

        On daigne entendre, avant que l'on accuse.

HENRIQUE.

Sachez qu'envers l'état c'est une trahison.

LORENZO.

Mon cœur me dit pourtant, seigneur, que j'eus raison.

HENRIQUE.

Quand on a des devoirs, il faut qu'on les remplisse.

LORENZO.

Aussi l'infortuné touchait à son supplice.
Une femme... ses yeux humides de douleur,
Sa voix, dont la tristesse augmentait la douceur
Dans le candide aveu d'une flamme ingénue,
M'ont ému : du captif je lui permis la vue.

HENRIQUE.

Quelle était cette femme ?

LORENZO.

                   Une ange. Sa beauté
Me charmait et cédait encore à sa bonté,
Son nom chaste et touchant semblait peindre sa vie.

HENRIQUE.

Cette femme en un mot, avait nom...

LORENZO.

Virginie.

HENRIQUE.

Virginie ?

LORENZO.

Et je crois... peut être il n'en est rien;

HENRIQUE.

Que...

LORENZO.

Que votre visage a quelques traits du sien.

HENRIQUE.

Ah ! grand Dieu !

LORENZO.

Du hasard c'est sans doute un caprice.
Mais d'en avoir trop dit faut-il que je frémisse,
Seigneur? en vous voyant arracher vos cheveux ,
Je voudrais ressaisir mes funestes aveux.

HENRIQUE.

Parlez. Je suis tranquille et vous prête silence.

LORENZO.

C'est qu'à votre courroux vous faites violence.

HENRIQUE.

Je suis calme, vous dis-je , et n'ai point de courroux.
Cette femme... qu'est-il de commun entre nous ?

LORENZO.

A votre effroi soudain je jugeais le contraire.

HENRIQUE.

Vous vous trompiez.

LORENZO.

J'ai cru que je voyais son père

HENRIQUE.

Non, mais je le connais. Il est bien malheureux.

LORENZO.

Quoi ! celui qui forma ce cœur si généreux,
Sans être consolé, connaîtrait l'infortune ?
Je me tais. Ce récit, seigneur, vous importune.

HENRIQUE.

Non, non. Il m'intéresse.

LORENZO.

　　　　　　　Une heure nous restait ;
A mon propre penchant mon devoir résistait.
Cette femme pleurait ; j'épousais ses alarmes,
J'étais moins attentif à son or qu'à ses larmes.
Je fus vaincu, seigneur ; bravant le châtiment,
Je n'osai désunir un couple si charmant.
Montalvi, par mes soins déguisant son visage,
Au milieu des soldats, eut un libre passage ;
Et même, cette femme avait su lui fournir
Un vêtement... Jamais je n'oserai finir,
Quoique vous en disiez, vous n'êtes pas tranquille,
Seigneur.

HENRIQUE.

　　　Je suis mourant ; le feindre est inutile.

LORENZO.

Fatal récit !

HENRIQUE.

　　　Vieillard, avez-vous des enfans ?

LORENZO.

Les jours de ma jeunesse ont passé dans les camps,
Et l'hymen à ses lois ne l'a point asservie ;
Des enfans auraient fait le bonheur de ma vie.

HENRIQUE.

En auraient fait l'opprobre. Heureux qui n'en a pas !
Savez vous ce qu'ils sont? dénaturés, ingrats,
Sans égards, sans pitié pour celui qui les aime,
Qui risquerait pour eux, ses jours, son honneur même.

LORENZO.

Seigneur...

HENRIQUE.

Ce que l'on croit la source du bonheur,
Hélas! est bien plutôt celle de la douleur.
Vous n'avez pas d'enfans; j'en eus pour ma ruine;
Je pleure encore mon fils, ma fille m'assassine.

LORENZO.

Ah! vous m'ouvrez les yeux. Votre fille... vos traits
Auraient dû m'avertir de garder mes secrets !
Ciel !

HENRIQUE.

Les grandes douleurs aiment la solitude.
A consoler la mienne, on perdrait son étude.

LORENZO.

Quoi ! celui qui venait adoucir votre sort,
Vous porte un coup semblable à celui de la mort.
Je sors désespéré

GONZALVI *à la porte du cachot.*
Souffrez que je le voie.

LORENZO.

Entrez et puissiez-vous lui rendre quelque joie !

SCÈNE II.

HENRIQUE, GONZALVI.

GONZALVI.

Salut au dictateur !

HENRIQUE.

Tu n'es plus mon ami.
Je sais trop, qu'en ce lieu, tu viens en ennemi.
Je ne te dirai pas qu'on dégrade son âme,
En manquant aux égards que le malheur reclame ;
Qu'un homme sans défense est un être sacré ;
Qu'un captif tel que moi doit-être vénéré.
Mon geôlier regardait ce cachot, comme un temple,
Ce n'est point aussi bas que tu prends ton exemple ;
Ne m'épargne donc pas. Mais le bourreau m'attend,
Sois prompt : pour m'outrager tu n'as plus qu'un
    instant.

GONZALVI.

T'outrager ! qu'elle erreur ! j'honore ta misère.
La cause en est si belle ! Un censeur plus sévère
Prétendrait que ravir à tes concitoyens
L'espoir de conserver et leurs jours et leurs biens;
Que de trafiquer d'eux, comme un marchand d'esclaves;
Que de vendre les fruits du sang de tant de braves,
Est un crime, en tous lieux, digne d'être maudit.
Moi, j'aime ta conduite, et mon cœur l'applaudit.
Qui n'eut sauvé les jours d'une pareille fille,
Si chaste, si soumise, et qui de sa famille
Loin de dégénérer, rehaussa son honneur?

HENRIQUE.

Grand Dieu! d'autres que moi sauraient-ils mon
    malheur !

GONZALVI.

Et comment le sais-tu ? toi-même ?

HENRIQUE.

Peu t'importe.

GONZALVI.

Voilà donc quels plaisirs ton crime te rapporte !
Cet amour qui te perd et qui nous a perdus,
Ta fille, dès long-temps, ne le méritait plus.
Et chargé du fardeau de la honte publique,
Il te reste à pleurer ta honte domestique.

HENRIQUE.

Que me sert de pleurer ? Ah ! qu'ai-je fait au Ciel,
Pour que dans mon calice il versât tant de fiel !

GONZALVI.

Ar... ends donc, et frémis d'avoir été son père,
Que ta fille épousa l'assassin de son frère.

HENRIQUE.

J'entends cette parole et je ne puis mourir !
Dieu me donne aujourd'hui la force de souffrir.

GONZALVI.

Ta fille, quand du roi la perte fut jurée,
Osa de nos complots percer l'ombre sacrée,
Et vouée aux penchans de son vil séducteur,
Épousa son amour pour cet usurpateur.

HENRIQUE.

Pourquoi, plus qu'elle n'est, la montrer criminelle,
Et lui faire, à mes yeux, cette injure mortelle ?

GONZALVI

Le jour, où du succès nous flattions notre espoir...

HENRIQUE.

Hé bien ?

GONZALVI.

Nul ne pouvait nous entendre et nous voir,

Disais-tu : Vain discours ! Ta fille que j'outrage,
Ta fille à qui ton cœur donne encore son suffrage,
Ton exécrable fille à son secret époux
Nous avait tous livrés, le cachant près de nous.

HENRIQUE.

De moment en moment ma misère est accrue;
Chaque mot qu'il prononce est une flèche aigue.

GONZALVI.

Je l'appris des horreurs, et je n'ai pas tout dit.
D'elle seule du roi le salut dépendit.
D'un lit, que la vengeance allait changer en tombe,
Montalvi s'approcha, ton collègue succombe;
Qui l'avait introduit ? Ta fille.

HENRIQUE.

              J'en suis sûr.
Tout est clair à mes yeux, quand tout était obscur.
Oui, c'est elle ! et pourtant, quel zèle à me défendre !
Jamais son amitié ne se montra si tendre.
Car enfin...

GONZALVI.

          Ce secours, subitement porté,
Entre elle et son amant fut un jeu concerté.
Il fallait t'éblouir par ces semblans de zèle,
Empêcher tes soupçons de se porter sur elle;
Et tout dut réussir à son gré.

HENRIQUE.

              Non jamais
Tu ne me feras croire à d'aussi grands forfaits.
D'être aussi pervers la nature est avare.

GONZALVI.

Charles a fait semblant de se montrer barbare;
Au fort qu'il occupait, de son seul mouvement,

Ta fille avait suivi les pas de son amant.
Des feux de son amour sans cesse dévorée,
Pouvait-elle, un seul jour, en être séparée?
Elle l'a donc suivi. Charles en profita ;
Par un affreux tableau Charles t'épouvanta;
Il te connaissait bien.

HENRIQUE.

O honte abominable !
Préférer à l'état une fille semblable !

GONZALVI.

Elle-même à présent s'accuse à haute voix.
Le remords fait valoir ses invincibles droits.
Voyant qu'à l'échafaud elle a conduit son père;
Que dans son Montalvi vainement elle espère ;
Qu'insouciant pour toi, peut-être au fond du cœur,
De ton heure fatale il maudit la lenteur ;
Elle venge déjà la nature indignée ,
Elle implore la foule et s'en voit dédaignée.
Charles, qu'elle a sauvé, n'a pas même permis
Qu'un être qu'il méprise à ses pieds fut admis.
Il ne lui reste donc que son ignominie.
Ne la lui laisse pas et qu'elle soit punie.

HENRIQUE.

Dieu n'est-il donc qu'un mot et son foudre
            imposteur
L'ouvrage de la crainte ou d'un législateur ?
Mon malheur m'a donné l'affreux droit du blasphème,
Et je puis, sans remords, nier l'être suprême.
O rage ! méprisé dans ma propre maison !
Où je cherchais l'amour, trouvant la trahison!
Tu connaissais mon cœur : fut-il jamais un père,
A qui, de ses enfans l'amitié fut plus chère ?

Ma fille!...

GONZALVI *lui présentant un poignard.*

Prends ce fer; mon ancienne amitié,
Garde pour ton malheur un reste de pitié.
Je réservais le baume, en faisant la blessure.
Prends ce fer ; et surtout , frappe d'une main sûre ;
Sache te méfier de ce vil sentiment
A qui Naples et toi doivent leur châtiment.
Méprisée en secret, en public honorée,
Ta fille, de ton sang pompeusement parée,
D'un infâme crédit jouirait , à la cour ,
Endormant ses remords dans les bras de l'amour !
Sois son juge, et surtout, sans prendre sa défense;
Fais taire la nature ; entends parler l'offense ;
Répare ton opprobre , et qu'il ne soit pas dit,
Qu'Henrique, sans vengeance, au tombeau descendit.

HENRIQUE.

Vois si dans ma prison elle vient d'elle-même.
Elle sait que je touche à mon heure suprême ;
Mais son cœur est stérile. Elle me craint; dis-lui
Que mon amour pour elle est encor son appui,
Que rien ne peut glacer la tendresse d'un père.
Dis ce que tu voudras , mais je me désespère ;
Ta lenteur.... Ecoutons... on ouvre,.. La voici !

(Il s'avance vers la porte.)

Epouvantable enfant, que viens-tu faire ici ?

SCENE III.

HENRIQUE, VIRGINIE.

VIRGINIE.

J'arrose vos genoux de me larmes brûlantes.

Je n'ose plus lever mes paupières tremblantes,
Et sur mon triste front, les sillons du remords,
Vous disent que mon cœur a reconnu ses torts.
L'opprobre désormais atteint votre famille ;
A son dernier degré descendit votre fille.
Chacun me fait subir un regard accablant ;
Le mien est regardé comme un affront sanglant.
Mais mon sort est trop doux, puisque dans ma misère,
Je puis encor pleurer sur le sein de mon père.

HENRIQUE.

Moi ! ton père ! ô serpent réchauffé sur mon cœur,
Fille dénaturée et femme sans pudeur,
C'est toi qui m'as conduit sous la hache homicide ;
Ta complaisante flamme enfante un parricide.
Charles dans mes filets était pris ; du tombeau
Tu l'as laissé sortir, pour être mon bourreau.
N'avais-tu pas déjà sauvé de ma colère
Le sang que réclamaient les mânes de ton frère ?
De ton frère ! Celui qui dormit sur ton sein,
Qui profana ton lit, c'était son assassin !
Et ne craignais-tu pas, ô fille criminelle,
Que son ombre sortant de la nuit éternelle,
L'œil indigné, d'horreur hérissant ses cheveux,
Ne vint te reprocher tes sacrilèges feux.
Oublions le mépris dont tu couvris sa cendre ;
Je fus toujours pour toi le père le plus tendre ;
Prête à deshonorer mon nom et mes aïeux,
Que ne me laissais-tu, du moins fermer les yeux !
Ah ! déjà de mes ans j'avais passé le faîte,
Et les rares cheveux, blanchissant sur ma tête,
Disaient que pour former des nœuds si révoltans,
Tes criminels désirs n'attendraient pas long-temps.

VIRGINIE.

Frappez; ne pensez pas que mes mains vous retiennent.
Vous devez m'immoler: mes remords me l'apprennent.

HENRIQUE.

Hé bien ?

VIRGINIE.

Daignez répandre, avec moins de courroux,
Un sang que j'ai souillé, mais qui sortit de vous.
Et que mon sein, frappé par votre main sévère,
Sente, à son tremblement, qu'elle est celle d'un père.

HENRIQUE.

Ouvre la loi de Dieu : que dit-il aux enfans ?
« A l'égal de moi-même honorez vos parens. »
Consulte-toi, réponds : opprobre de ma vie,
Il faut, pour me parler, que tu sois bien hardie.

VIRGINIE

Dès que je vais paraître au séjour éternel,
J'entendrai retentir ce salut solennel :
Anatheme ! Anathème ! Au feu de la colère
Est réservé l'enfant qui fut maudit d'un père.
Ah ! si je suis tombée, est-ce donc assez bas
Pour qu'un tel repentir ne me relève pas?
A ce penchant fatal d'où sortirent mes fautes,
N'a-t-on pas vu céder les vertus les plus hautes ?
Je suis femme et j'aimais. J'aimais avec transport
Un mortel... ce seul mot est l'arrêt de ma mort.
Mais quand, pour mon malheur, cet amour prit
              naissance,
Nul remords de ses feux n'alarmait l'innocence.
Ce ne fut que plus tard qu'il dut m'épouvanter,
Et qu'un rempart de sang me devait arrêter.
J'abhorrai Montalvi, de ma gloire jalouse,

Mais il était trop tard, et j'étais son épouse.
Un aveu si touchant n'a pu vous attendrir ;
Vous ne semblez songer qu'à me faire mourir.
Mourir ! je suis si jeune et j'aime encor la vie.
Ah ! si par la nature elle m'était ravie !
Dans un paisible lit, mouillé de quelques pleurs,
Si la mort achevait le cours de mes douleurs !
Mais je la recevrai , sans la sentir d'avance,
Et pour moi, tout d'un coup, l'éternité s'avance.
Mon père ! un seul regard ! votre indicible amour
A-t-il pu, tout entier s'effacer en un jour ?
Vous détournez vos yeux : mais une larme y brille ;
Cette larme a sauvé les jours de votre fille.

HENRIQUE.

Qu'il est dur de haïr ceux que l'on veut aimer !
Ma colère, à ta voix, se laisse désarmer,
Ma fille ! à te frapper je ne puis me résoudre.
Du crime d'aujourd'hui le passé doit t'absoudre.
Quoi ! ce cœur dont tes soins ont allegé le faix ,
Sentirait ton injure et non pas tes bienfaits !
Combien de souvenirs ont plaidé ta défense !
A m'aimer aucun art ne forma ton enfance.
Quand Dieu m'a présenté la coupe des douleurs,
Tu savais adoucir l'absinthe de mes pleurs.
Sur le sein paternel j'attends que tu reviennes ,
Que tu presses encore mes lèvres sous les tiennes !
Contre l'adversité soyons toujours unis.
Ce baiser filial a pénétré... (*il la repousse*) Finis.
Un autre a profané cette impudique bouche,
Je ne dois pas souffrir que la mienne la touche.

VIRGINIE.

Née à peine, votre âme enchaîne sa pitié.

11.

HENRIQUE.

Mentir à mon espoir ! Trahir tant d'amitié !

VIRGINIE.

O mon Dieu !

HENRIQUE.

Tu veux vivre ; au mépris résignée,
Tu consens à te voir dans la fange traînée.
Si mon sang dans ton cœur pouvait encor parler,
Tu trouverais ma main trop lente à t'immoler.

VIRGINIE.

Un motif bien sacré, mais que je dois vous taire,
Me...

HENRIQUE.

Quel sera ton sort ? maudite sur la terre,
Quel éternel reproche appellent sur tes pas,
Les fers de ton pays, ma honte, mon trépas ?
A ce penser affreux, ma rage se réveille.
Quel père a mis au jour une fille pareille ?

VIRGINIE.

Ah ! je fus bien coupable et pourtant...

HENRIQUE.

Réponds-moi :
Montalvi fut conduit auprès du lit du roi.

VIRGINIE.

O mon père, écoutez...

HENRIQUE.

Parle sans subterfuge.
Je ne suis plus ton père, et je deviens ton juge.

VIRGINIE.

C'est moi qui l'ai conduit, mais il...

HENRIQUE.

Point de raison :

Ton crime est expliqué, n'attends aucun pardon.

VIRGINIE.

Je voudrais...

HENRIQUE.

Me fléchir, quand ta main m'assassine,
Et que de ton pays tu causes la ruine ;
Que partout sur mon nom s'élève un cri d'horreur;
C'est mon amour pour toi qui nourrit ma fureur.

VIRGINIE.

Grâce! grâce!

HENRIQUE.

A mes yeux si la tombe est offerte,
Tu m'y précèderas, toi qui me l'as ouverte.

VIRGINIE.

Retenez suspendu ce poignard menaçant.
Deux êtres sont en moi; l'un deux est innocent,
C'est lui qu'il faut sauver. Sous ce fer si je tombe,
Avant qu'il ne soit né, ce sein sera sa tombe.
Poignarder une femme en l'état où je suis!
Le plus vil des bourreaux en frémirait.

HENRIQUE.

Poursuis.

Peins-moi ton deshonneur des couleurs les plus vives!
Pour cet enfant infâme il faudrait que tu vives.
Pour lui ce cœur de fer se laisserait toucher!
De ton sein palpitant je voudrais l'arracher;
De son être effacer les traces flétrissantes,
Et broyer, dans mes mains, ses entrailles naissantes.
Meurs.

(Il la frappe.)

VIRGINIE.

Ah! *(ce cri est terrible.)*

HENRIQUE.

Je suis vengé.

VIRGINIE.

Je respecte vos coups ;
Ma dernière parole est de prier pour vous.
Mon âme, s'envolant vers le Dieu qui l'appelle,
Implore sa bonté, plus pour vous, que pour elle.
Si vous m'ôtez le jour, vous me l'aviez donné.
Du moins, en me frappant, m'avez vous pardonné?
Hélas ! je ne vois plus qu'une obscure lumière.
Les ombres de la mort ont voilé ma paupière.
Le sommeil éternel commence à m'assoupir.
Bénissez votre fille, à son dernier soupir.

HENRIQUE.

Ma fille ! c'est à moi de te demander grâce.
Elle ne répond plus. C'est la mort que j'embrasse.
Ma fille ! Dieu cruel, Ah ! ne devais-tu pas,
De son père arrêter l'impitoyable bras?
Ma fille ! ces vains sons se perdent dans l'espace.
Elle est morte. En bonté le tigre me surpasse.
Jour affreux ! seul auteur de ce coup inhumain,
Infâme Montalvi, que n'es-tu sous ma main !
Je ne puis supporter l'aspect de ce cadavre,
Car il rend trop aigu le regret qui me navre.
Ma fille!.... cachons-la. Que ne puis-je pleurer !

(Il la repousse sur l'un des côtés du théâtre.)

On vient. C'est Montalvi!

SCÈNE IV.

HENRIQUE, MONTALVI.

MONTALVI.
Qui vient vous délivrer.

HENRIQUE.
Me.....

MONTALVI.
Vous êtes surpris; je me mens à moi-même.
Mais je veux regagner une épouse que j'aime,
Qui devait me haïr et qui m'a trop haï.
D'abord, de vos malheurs mon cœur s'est réjoui.
Je dis plus : j'en étais la principale cause.
Ma haine est un fardeau qu'à présent je dépose,
Henrique; oublions tout; votre fille est à moi,
L'hymen, depuis un an, nous range sous sa loi.
Je vous l'avais caché; j'ai droit de vous le dire,
Car je vous viens d'ôter celui de me maudire.
Charles du poids des lois voulait vous accabler;
De Naples, seulement, il va vous exiler.
Il résista long-temps à mes pleurs, à sa gloire,
Son orgueil des bienfaits balançait la mémoire,
Son cœur était de fer : puisque je l'ai dompté,
Que nous fait à tous deux ce qu'il m'en a coûté ?

HENRIQUE, *semblant sortir d'une profonde stupeur.*
Qu'a-t-il dit?

MONTALVI.
Au matin si le jour était sombre,
A son déclin heureux, il ne reste aucune ombre.

HENRIQUE.
Aucune ombre !

MONTALVI.

A présent, payez-moi de retour :
Excusez votre fille, approuvez son amour;
Célébrons de nos cœurs l'inimitié bannie,
Et nommez votre fils, l'époux de Virginie.

HENRIQUE.

J'y songeais.

MONTALVI.

Dans ces lieux elle a porté ses pas.
On me l'a dit, du moins... et je ne la vois pas.

HENRIQUE.

La pâleur de la mort a couvert son visage,
Et de ses faibles sens elle a perdu l'usage.

MONTALVI.

Ah ! qu'entends-je ?

HENRIQUE.

Ton bras reconnu par son cœur ,
A son sang refroidi rendra quelque vigueur.

MONTALVI. *Il veut aller vers elle, Henrique l'arrête.*

Laisse. Laisse.

HENRIQUE.

Ici même, ici même, je compte,
Approuver son hymen, en effacer la honte.

MONTALVI.

O bonheur !

(Henrique lui prend la main, le conduit vers sa fille en ayant soin
de lui en dérober la vue : quand il est près d'elle, il saisit sa main
et la joint à celle de Montalvi.)

HENRIQUE.

Que la vie et la mort soient unis !
Ce nœud déjà formé, c'est moi qui le bénis.

MONTALVI.

J'ai senti, sur mon sein, tomber un poids de glace.

HENRIQUE.

Elle est à toi ; tu peux la regarder en face.

MONTALVI.

O terreur !

HENRIQUE.

A l'époux que ma voix a nommé,
Craint-elle de répondre ou n'est-il plus aimé?

MONTALVI.

Une tache de sang !

HENRIQUE.

N'en verrais-tu pas d'autres !

MONTALVI.

Monstre, vous étiez père et ces coups sont les vôtres.

HENRIQUE.

Oui ces coups sont les miens. N'es-tu pas satisfait ?
Tu ne laisseras pas ton hymen imparfait.
Tant de bonheur exige un regard moins farouche,
Et ton épouse attend les honneurs de ta couche.

MONTALVI.

O terre, entr'ouvre-toi !

HENRIQUE.

Voilà ce que j'ai dit,
Quand mon fils au tombeau, par tes mains descendit.
Voilà ce que j'ai dit, quand ma fille chérie,
M'apprit que de tes bras elle sortait flétrie.
Voilà ce que j'ai dit, quand déchirant son flanc,
Son opprobre, par moi, fut lavé dans son sang.
Ne me reproche rien; c'est toi qui l'as tuée.
Aurait-elle vécu, vile, prostituée?
Peu t'importait à toi; c'était là ton bonheur ;

Mais moi, je n'avais rien de plus cher que l'honneur,
Je t'ai dû tous mes maux ; fléau de ma famille,
Tu m'as privé d'un fils, tu séduisis ma fille,
Tu détournas les coups qui sauvaient mon pays.
J'ai poignardé ma fille et toi… je te maudis.

MONTALVI.

La vertu sur mon âme eût repris son empire,
Mais je perds ce que j'aime et je deviendrai pire.
Vertu ! Tu n'es qu'un mot digne de mon mépris.
Ainsi, de mes bienfaits voilà quel est le prix !
J'ai pu sauver les jours d'un homme que j'abhorre,
Et sa main me ravit la femme que j'adore !
Point de grâce pour toi !

HENRIQUE.

Tu veux m'assassiner ?
Abstiens-toi d'un forfait que je puis t'épargner.
La femme qu'à ton lit ma justice a ravie,
Ma fille, seule hélas ! m'attachait à la vie.
Ce fer qui l'a punie est prêt à la venger.

MONTALVI.

Et Dieu, s'il en est un, est prêt à te juger.

HENRIQUE.

Je ne maudirai plus des jours aussi funestes.

(Il se frappe.)

O ma fille, je meurs, en embrassant les restes.

FIN DU CINQUIÈME ET DERNIER ACTE.